Guy Ca… , est devenu à la radio l'un des plus redoutables et inspirés chroniqueurs du petit écran, d'abord auprès de Laurent Ruquier en 1995 (sous le pseudonyme de Monsieur Le Tallec) puis en l'an 2000, dans l'émission de Stéphane Bern, « Le fou du roi ». Après *Splendeurs et misères du petit écran* (2000, Hors Collection), Guy Carlier a publié chez le même éditeur ses *Chroniques télé & lettres matinales* (février 2002) et les *Ultimes chroniques télé* (janvier 2003).

J'VOUS AI APPORTÉ MES RADIOS

Lettres et chroniques

DU MÊME AUTEUR
CHEZ *POCKET*

Splendeurs et misères du petit écran, 2002

Nouvelles chroniques télé

Splendeurs et misères du petit écran, 2001

GUY CARLIER

J'VOUS AI APPORTÉ MES RADIOS

Lettres et chroniques

ROBERT LAFFONT

ISBN : 2-266-13474-4

À mon papa

Remerciements

À mon radiologue, Jean-François Remonté.

À ceux de France Musique, Claire Lagarde,
Thierry Beauvert pour son si beau sourire.

À Jean-Luc Hees et Pierre Bouteiller
pour leur confiance.

À l'équipe du 7-9 d'Inter pour son accueil.

À Patrick Choquet,
pour les jardins de l'archevêché
et les cathédrales de Monet.

I

Chroniques musicales

Ces chroniques, diffusées sur France Musique en 2000 et 2001, dans l'émission de Thierry Beauvert, précédaient une œuvre musicale en rapport avec le texte.

Le lecteur trouvera à la fin de chaque chronique les références du morceau qui s'y rattache.

Serge et Rostro

Sur un panneau au bord de l'autoroute A7, après la sortie Auxerre-Sud, un dessin grossier représente une colline surmontée d'un clocher sur un fond marron. Sous ce dessin hideux est inscrit : *Vézelay, colline éternelle*. De fait, Vézelay est un gros bourg perché sur une hauteur au sommet de laquelle s'érige une basilique romane. Il règne à Vézelay une atmosphère étrange, envoûtante. Jules Roy écrivit, un jour de fulgurances, qu'aucun lieu n'est à la fois plus léger et plus pesant, car quelque chose d'indéfinissable, peut-être l'infini, y vibre dans les replis de l'âme.

On a coutume de dire que la qualité de l'air y est remarquable, la légende affirmant même que, lorsque saint Bernard prêcha la deuxième croisade au sommet de la colline, ses fidèles pouvaient l'entendre dans des villages distants de plus de cinq kilomètres.

Il y a une dizaine d'années, ayant décidé de prendre quelques jours de repos, je me rendis à Vézelay, plus précisément à Saint-Père-sous-Vézelay, à l'hôtel-restaurant-café-tabac-journaux *La Renommée* où j'avais mes habitudes.

Cet établissement modeste jouxte *L'Espérance*,

restaurant prestigieux, lui, dont les graviers du parking ne crissent qu'au passage de berlines allemandes et de voitures de sport italiennes...

La patronne de *La Renommée* avait l'habitude, dès mon arrivée, de m'apprendre, avec l'œil brillant de ceux qui savent, le nom des personnalités qui logeaient au palace voisin.

Ce jour-là, elle m'informa que Serge Gainsbourg séjournait à *L'Espérance* depuis plusieurs semaines, qu'il avait fait tirer un feu d'artifice à Noël, et elle ajouta même qu'il venait chaque jour dans son établissement acheter des cigarettes, n'hésitant pas à converser avec elle en consommant des boissons anisées.

Pour justifier ses propos, elle me montra une photo polaroïd. On la voyait, vêtue d'un chemisier trop étroit laissant apparaître entre chaque bouton des ovales de chair blanchâtre, au côté de Gainsbarre qui, la cigarette aux lèvres, levait en riant un verre d'alcool qui le tuait un peu plus.

En reposant la photo sur une étagère contre une coupe sportive de piliers de bistrot, la buraliste ajouta : « Dans l'hôtel à côté, y a aussi un violoniste polonais ou peut-être qu'il est pianiste, chai plus, il s'appelle Markovich, un nom comme ça, mais il doit être connu car M. Serge m'a dit qu'il n'osait pas lui parler. »

L'après-midi, je montai la rue principale de Vézelay pour une visite traditionnelle à la basilique où, malgré le froid de janvier, j'arrivai en nage. Je savourais la fraîcheur du narthex, songeant à quel point ce mot évoquait quelque fistule anale plutôt que la majestueuse entrée de la basilique, lorsque j'entendis jouer du violoncelle.

J'avançai dans la nef et je vis, sous la croix, un musicien qui répétait. Deux grandes enceintes acoustiques anachroniques montaient sur les côtés du Christ à la place des larrons. Près d'un pilier, une femme souriait en regardant le violoncelliste. Lorsqu'il cessa de jouer pour enduire son archet d'une substance étrange, elle me murmura : « C'est Rostropovitch, il travaille le prélude de la cinq. »

Il se remit à jouer. Je ne savais pas de quelle cinq elle parlait mais c'était beau à pleurer.

D'ailleurs, tout près de moi, à demi caché par un confessionnal, un homme pleurait. C'était Serge Gainsbourg.

Alors, j'écoutai Rostropovitch et je regardai Gainsbourg.

Il savait qu'il allait bientôt mourir et, soudain, c'était comme si cet homme qui jouait du Bach lui démontrait l'existence de Dieu.

Il croisa mon regard et, honteux qu'on puisse le voir pleurer, essuya furtivement sa joue, renifla ses larmes à venir en relevant la tête d'un coup de menton et s'approcha de moi en murmurant : « Pas dégueu le père Rostro. » Puis, toujours en chuchotant, il m'expliqua que le violoncelliste n'avait jamais voulu enregistrer ces *Suites* de Bach jusqu'au jour où, montant les marches de la basilique de Vézelay, il s'exclama : « C'est Bach ! »

Un mois plus tard, en même temps que les derniers feux de la guerre du Golfe, Serge Gainsbourg s'éteignit à Paris où il venait de rentrer comme s'il eût été indécent de mourir à Vézelay.

Vézelay où, au même moment, Rostropovitch enregistrait les *Suites* de Bach dans la basilique.

Si vous écoutez attentivement le prélude de la *Cinquième suite*, vous entendrez, derrière le violoncelle, la voix de Gainsbourg qui murmure en contrepoint : *Je suis venu te dire que je m'en vais*.

Mstislav Rostropovitch : *Suites* pour violoncelle seul de J.-S. Bach (2 CD, EMI Classics).

Serge Gainsbourg : *Je suis venu te dire que je m'en vais.*

Autoportraits sous des jupes fendues

Marc Lavoine est beau.

Il est beau mais c'est un bel enfoiré.

Car la vie amoureuse des types normaux est infectée de « Marc Lavoine » au regard d'enfant triste qui viennent leur piquer les filles nunuches qui écrivent leur journal intime et font des ronds sur les i.

Quel garçon n'a pas connu un jour ou l'autre ce moment terrible où il va conclure avec une fille résignée, dont on imagine bien qu'elle pense : « Il n'est pas terrible, mais au moins il est drôle », lorsque apparaît soudain un Marc Lavoine.

Brusquement, on réalise qu'on devient chiant pour la fille, qu'on l'exaspère, on sait déjà qu'on a perdu. Alors, comme un baroud d'honneur mais sans y croire vraiment, on se penche pour l'embrasser, elle détourne la tête, on s'y attendait, alors, pour pas avoir l'air con, on achève le mouvement d'une bise idiote moitié dans le cou, moitié sur son col de chemisier, en soufflant « Je t'aime ».

On la sent tendue, raidie, elle finit par se reculer et balance cette phrase terrible : « Mais moi aussi je t'aime... en copain. »

Notons à ce propos que je dois figurer dans le

Guinness Book des records, catégorie « excuses à la con des filles qui ne veulent pas sortir avec un garçon ».

J'ai eu droit à tout, depuis le classique « Je préfère qu'on reste amis », ou bien « Je t'aime comme si tu étais mon frère », ou bien encore « Je ne me sens pas prête pour le grand amour », l'hypocrite « Je ne mérite pas ton amour », la variante « Un jour tu rencontreras quelqu'un qui méritera ton amour », l'encore plus hypocrite « Moi aussi je t'aime, mais je ne veux pas que cet amour gâche notre belle amitié », l'énigmatique « Je n'ai pas le droit de t'aimer », j'ai même eu droit à « Je ne peux pas t'aimer, je suis mariée avec le vent ».

Je me suis longtemps demandé où s'en allaient toutes ces filles qui m'échappaient. Aujourd'hui je sais. Dans les bras de Marc Lavoine. Elles commencent par passer chaque soir des heures au téléphone, le visage recouvert de Clearasil, à parler de lui à leur meilleure amie, en l'appelant « Hum hum », par une espèce de pudeur touchante et surtout au cas où leur mère écouterait la conversation derrière la porte.

« Il paraît que Hum hum ne sort plus avec Jennifer, c'est Marion qui me l'a dit, elle l'a vu à la boum de Kévin avec Sandra... »

Je déteste Marc Lavoine depuis les colonies de vacances, plus précisément à la colo de la Ville d'Argenteuil, Saint-Hilaire-de-Riez en Vendée. Douze ans. Mon premier amour, Martine Bouillard. Pour elle, j'étais allé cueillir une étoile de mer au fond de l'eau et j'avais recopié une citation de Victor Hugo qui disait : « L'amour entre par les yeux, des yeux il va au cœur, au cœur il prend racine. » Je comptais lui déclarer ma flamme et lui offrir ces présents le soir même à la veillée, mais, à cette veillée, un Marc Lavoine à l'air triste a chanté *Stewball* et Martine Bouillard – la salope – ne m'a même pas regardé, me laissant seul avec mon poème à la con. En sortant du réfectoire où avait lieu la veillée, je lui donnai mon étoile de mer en tremblant. Au moment où elle la prenait en riant, Marc Lavoine l'appela, elle sursauta, arrachant une branche à mon trophée, et partit avec ce présent pathétique, me laissant seul, l'air idiot, avec mon astérie[1] amputée à la main.

À la fin des sixties vint le temps des boums. On écoutait Otis Redding en se roulant des pelles pendant des heures, ben oui, à l'époque à part les soupes de langues, on ne nous laissait rien faire, on tentait bien de glisser la main sous le shetland, ou dans le jean en velours à fines côtes, parfois même on frôlait un début de pilosité pubienne, comme une idée du paradis, mais, inexorablement, la main de la fille venait retirer la nôtre. Le lendemain, pour crâner, on disait aux copains « J'l'ai doigtée », mais le soir on se branlait comme des malades en pensant à des chanteuses yé-yé.

Je me souviens qu'en cinquième on avait établi le hit-parade de nos masturbations. Bizarrement, on était branchés chanteuses, alors qu'à l'époque Bardot était LE sex-symbol, mais, parmi les élèves de la classe, ça se jouait entre Sylvie Vartan et France Gall. Moi je préférais Françoise Hardy dont, à moi tout seul, je faisais remonter la moyenne. Citons pour mémoire un dénommé Bourgeois, un malade, un pervers qui ne se branlait que sur Sheila.

1. Tu n'as qu'à regarder dans le dico.

L'autre jour, j'ai rencontré Françoise Hardy à France Inter. J'ai failli lui offrir des fleurs et lui dire : « Chère Françoise Hardy pour qui nous nous sommes tant branlés », comme avait fait Pierre Brasseur en accueillant Marlene Dietrich à son retour d'Amérique, mais j'ai eu peur qu'elle n'apprécie pas cet hommage pourtant magnifique.

Mais revenons à ces Marc Lavoine qui ont pourri des décennies de boums. Il y avait toujours un Marc Lavoine qui se pointait en blazer de yachtman à l'écusson doré et une fille déçue qui allait pleurer dans la cuisine au-dessus du saladier de sangria, réconfortée par une copine moche mais sympa qui ressemblait à Sophie Forte.

Et Marc Lavoine allait inviter celle du début de cette chronique, vous savez l'andouille qui venait de me dire : « Je ne me sens pas prête à aimer. » Ensuite, comme elle n'avait plus envie de danser, j'allais lui chercher un jus d'orange, et juste comme je revenais, je voyais Marc Lavoine lui demander si elle voulait danser. Elle était déjà au creux de son épaule.

Alors, je prenais l'air indifférent, j'allumais une P4 et je faisais semblant de m'intéresser aux pochettes de disques pour ne pas le regarder emballer ma copine.

C'est fou ce que j'ai pu regarder les disques de l'époque. Je me souviens de tout, même du nom de l'imprimerie (Glory) qui fabriquait les pochettes et dont le nom était écrit en minuscules sur une étiquette détachable sur le côté de la pochette, c'est vous dire.

J'ai conservé cette habitude, alors, pour me venger, j'ai regardé attentivement la pochette d'un disque de Marc Lavoine sur laquelle figure le texte de la chanson *Les Yeux revolver.*

Eh bien, je vais vous dire : heureusement que Marc Lavoine est très beau, parce que c'est pas avec des textes pareils qu'il arriverait à emballer.

Souvenez-vous du premier couplet :

Un peu spéciale
Elle est célibataire
Le visage pâle
Les cheveux en arrière
Et j'aime ça

Bon, alors, ça démarre bien, Marc Lavoine décrit sa fiancée. Le trait est sobre comme un pastel de l'école hollandaise, mais ce qui est intéressant, c'est le « un peu spéciale », car effectivement la fiancée de Marc Lavoine est un peu spéciale, en voici la preuve dans le couplet suivant :

Elle se dessine
Sous des jupes fendues

Eh oui, vous avez compris, c'est une folle, une névrosée, une pauvre fille qui a accroché une corde au plafond de son salon à laquelle elle fait pendre des jupes fendues. Quand ça lui prend, elle va se cacher sous les jupes avec un miroir pour gribouiller des autoportraits. C'est une zinzin, je vous dis, mais ça plaît à Marc Lavoine car, dans le milieu show-biz et compagnie, ils sont tous un peu tordus.

Elle se dessine
Sous des jupes fendues
C'est comme ça...
Tellement si belle...

On voit souvent des fautes de français dans les textes de chansons, on se souvient tous de celle de Françoise Hardy intitulée *C'est à l'amour auquel je pense*, mais là, « tellement si belle », il faut tout de suite appeler maître Capelo qui, après avoir mis 100 francs dans le nourrain, expliquera à Marc Lavoine que « tellement » et « si » sont deux adverbes d'intensité, et que c'est une faute grossière de les accoler et que pour faire son crâneur dans les boums, c'est facile, mais pour écrire correctement y a plus personne...

Remarquez, on a de la chance, il aurait pu écrire :

Tellement si beaucoup tant vachement tout plein si belle...
Je l'aime tellement si beaucoup tant vachement tout plein si fort

Mais le pire est à venir car nous arrivons maintenant au refrain :

Elle a les yeux revolver
Elle a le regard qui tue

Quand il a écrit ça, Marc Lavoine avait abusé du libanais torsadé double zéro, à chaque fois, c'est pareil, quand il a trop fumé certaines substances, il devient parano... soit il croit qu'il est attaqué par des renards, soit il voit sa fiancée avec des yeux revolver...

Elle a tiré la première
Elle m'a touché c'est foutu

À cet instant, Marc Lavoine nous révèle le drame de sa vie : « Elle m'a touché c'est foutu », eh oui, vous avez compris : c'est un éjaculateur précoce...

Deuxième couplet :

À faire l'amour
Sur des malentendus

Faire l'amour sur des malentendus, permettez-moi de vous dire que je trouve ça dégueulasse. Faire l'amour sur une table de cuisine, ou dans un ascenseur, déjà c'est limite, mais sur des malentendus, je dis stop, la liberté sexuelle a des limites...

D'autant qu'il a écrit « malentendus » pour la rime et que le mot d'origine était « malentendants » :

À faire l'amour sur des malentendants

C'est-à-dire que, pour satisfaire ses fantasmes sexuels, M. Marc Lavoine installe par terre une dizaine de sourds-muets tout nus, et qu'il fait l'amour dessus, là encore, bravo le show-business...

Continuons...

Tellement si femme
Quand elle mord

Eh bien voilà, ce qui devait arriver arriva, sa fiancée l'a mordu, c'est bien fait pour Marc Lavoine, il faut se mettre à la place de cette pauvre fille, on lui demande de faire des gâteries à un chanteur sur des sourds-muets en érection, en plus, à peine elle commence à le toucher, c'est foutu, elle a fini par craquer et elle lui a mordu les couilles.

Bref, vous l'avez compris, tout cela est pitoyable, et Marc Lavoine justifie parfaitement cette phrase de Jean Dutourd, qui avec son ouverture d'esprit coutumière a déclaré, je cite : « Le show-business, c'est tous des drogués et des partouzeurs. »

Marc Lavoine : album des duos (2001), notamment le magnifique *Chère Amie*, avec Françoise Hardy.

Yvette

Yvette n'a pas d'âge.

Au bar du *Chiquito*, café-tabac-loto d'Argenteuil, Val-d'Oise, elle semble figée depuis toujours dans cette image de femme trop mûre, trop blonde, aux jambes amaigries desséchées par l'alcool. Des jambes blanchâtres, zébrées de petits vaisseaux violacés qui sont les peintures de guerre des alcooliques, des jambes qu'elle s'obstine à montrer sous des robes trop courtes laissant apparaître la dentelle d'un jupon aguicheur.

Yvette est maquillée à toute heure. Trop maquillée. Au point qu'avec ce noir outrancier sur ses yeux elle redevient ce qu'elle est vraiment. Douloureuse et pathétique.

Yvette est pathétique mais elle n'est pas vulgaire.

La vulgarité, c'est de la montrer du menton comme ont fait ces deux-là, entrés au *Chiquito* pour acheter des tac-o-tac. Ils gloussaient de rire contenu en grattant le seul espoir de leur pauvre vie, puis perdant comme à l'habitude, déçus de ne pas voir apparaître sur leur bout de carton les trois télés qui leur donneraient l'immense privilège d'aller faire tourner une roue en compagnie de M. Risoli, ils sont repartis vers d'autres médiocrités dans leur Golf GTI au petit sapin désodorisant accroché au rétroviseur, en faisant trembler la ville des basses de leurs haut-parleurs poussées au maximum.

Alors Yvette a allumé une Gauloise sans filtre et de sa voix détruite a commandé une Kro.

Yvette est polie. Elle dit bonjour avec ostentation lorsqu'un nouveau entre dans le café, juste pour voir, dans sa façon de répondre, s'il est prêt à parler avec elle. Quand, par bonheur, elle le sent disponible, elle lui donne sa vie à toute allure, commence par le quotidien, manière de ne pas l'affoler, le temps qu'il fait, un commentaire au hasard de la une du *Parisien* posé sur le comptoir. Si l'autre renvoie la balle, il est perdu. Yvette déverse alors son existence en avalanche comme on vide des gravats d'une maison bombardée. Et elle l'ensevelit sous des histoires anciennes, comme cet argent qu'on lui a volé, d'ailleurs, on lui a tout volé à Yvette, son argent, ses hommes, et surtout son enfance depuis le jour maudit où une certaine Martine Le Hénaff a dit tout fort en classe de CM2 de l'école Ambroise-Thomas d'Argenteuil que la mère d'Yvette embrassait tous les hommes qui lui donnaient des sous...

Plus Yvette picole et plus elle prend des airs. En fin d'après-midi, elle salue les entrants comme font les dames du monde. Et puis, soudain, au moment où l'alcool déborde les convenances, à l'heure où son cendrier déborde de sa souffrance, la voilà qui s'invente des histoires vraies. Elle raconte tout haut la nuit où Jean Gabin s'est traîné à ses pieds, dans un cabaret russe près des Champs-Élysées, et elle conclut, magnifique : « Avant de quitter la boîte, il a pris la pochette dans le gilet d'un violoniste pour m'éponger le front, et il a refilé à la place 50 sacs au Tzigane, un seigneur, j'vous dis !... »

La voilà qui se met à chanter tout haut *Quand on s'promène au bord de l'eau...* en imitant Gueule d'amour, le ventre en avant, les mains enfoncées dans des poches imaginaires...

Et puis soudain, la voilà qui danse mais ses entrechats titubent et les clients se marrent et moi, moi qui apprenais à mon fils à jouer au flipper au bar *Le Chiquito*, café-tabac-loto-tac-o-tac d'Argenteuil dans le Val-d'Oise, j'ai détourné la tête quand elle m'a dit bonjour.

La honte me fait rougir quand je repense à ça.

Si un jour tu me lis, Yvette, je voudrais te saluer et te dire : Tu danses bien, Yvette, tu danses comme dansent les petites filles... avant les Martine Le Hénaff.

Jean Gabin : *Quand on s'promène au bord de l'eau.*

Celibidache

Cette histoire a eu lieu y a quelques années, un jour que j'étais invité à un mariage... peut-être était-ce un baptême ou une circoncision, enfin l'une de ces fêtes familiales où l'on s'amuse sur commande avec du mousseux tiède.

Ce mariage, finalement c'était un mariage, se déroulait à Rouen, ville rendue célèbre par le sourire de M. Lecanuet. Je me souviens que les exégètes politiques en parlaient à ses débuts comme du Kennedy français. Il n'avait malheureusement de Kennedy que le sourire, un peu comme Sacha Distel n'eut de James Dean qu'un accident de Porsche.

Malgré la contrainte d'assister à ces réjouissances familiales, j'étais d'assez bonne humeur, ayant lu dans la presse que le musée de cette bonne ville de Rouen avait organisé une exposition des *Cathédrales* de Monet. C'était la première fois qu'on pouvait voir regroupée la quasi-totalité de cette série de tableaux.

Je pris la route sous la pluie vers la capitale de la Haute-Normandie, sur cette autoroute de l'Ouest dont les multiples péages font penser à autant d'octrois médiévaux. À l'un d'entre eux, j'avais comme d'habitude choisi la mauvaise file, et, sur celle qui se trouvait à gauche, je vis arriver à ma hauteur une Range Rover. Au moment où j'ouvrais ma vitre pour prendre le ticket que me crachait la machine automatique, mon regard croisa celui d'une femme sur le siège passager de la voiture voisine. Elle était assise à côté d'un homme sans âge. Dans ses yeux, il y avait tant de tristesse, tant de désirs inavoués, qu'à mon tour en un regard je lui ai tout donné.

Je me souviens avoir repris ma route en pensant à tous ces regards furtifs qu'on échange dans les gares, dans les embouteillages ou, comme ce jour-là, à des péages d'autoroute. C'est pas vraiment de l'amour, même pas de vraies histoires, juste des aventures à blanc.

À Rouen, la cérémonie fut conforme à mes pires craintes puisque le « pot de l'amitié » comme le spécifiait mon carton d'invitation gaufré avait lieu dans une salle polyvalente où rien ne manquait. Ni les panneaux de basket, ni les grandes tables sur des tréteaux recouvertes de nappes en papier crépon, ni les gobelets plastique, ni les pains-surprises emplis de canapés humides, ni la sono poussée à fond dans laquelle Mme Gloria Glaynor tonitruait qu'elle will survive, ce dont on doutait à l'écoute de cette bouillie insupportable à l'écho amplifié par l'architecture bétonnée.

Cela n'empêchait pas de danser quelques charcutières rousses, assez vulgaires, qui ressemblaient à Valérie Mairesse et qui réinventaient le romantisme, la poitrine lunaire tremblant sous la mousseline. Elles écrasaient de bijoux ostensibles leurs jeunes cousines, alors peu leur importait que leurs pieds bleuissent sur des talons trop étroits.

Ce jour-là, les belles-mères avaient la larme

facile. Elles criaient : « Vivent les mariés », dès que tombait l'ambiance mais, comme ça leur faisait si mal de voir partir leur enfant, elles s'en allaient régulièrement à l'office picoler en cachette.

Au bout d'une table, il y avait, comme toujours, une fillette endormie sur la nappe tachée. Elle était probablement la seule ce jour-là à rêver d'amour.

Puis arriva l'instant où les grands-pères deviennent éternels. Avec aux yeux des larmes qui font rire les enfants, ils se levaient pour bredouiller des chansons dont eux seuls se souviennent, et sous les cris de joie s'asseyaient en tremblant.

Ce jour-là les mariés abandonnaient leur enfance. Étourdis de mousseux et de rires en cascade, devant la pièce montée, ils échangeaient des baisers qui vieilliraient dans les cadres.

Après un dernier regard pour la fillette endormie, je décidai de m'éclipser discrètement pour me rendre au musée comme je me l'étais promis. J'allai récupérer mes affaires au vestiaire où une demoiselle aux joues rouges qui ressemblait à Bécassine tendait son imper à une femme. La passagère du péage. Elle aussi me reconnut.

Elle éclata de rire, me lança : « Décidément vous choisissez toujours la mauvaise file », et s'éloigna de cette allure gaie qu'ont les filles lorsqu'elles savent qu'on tombe amoureux d'elles.

Devant la porte, elle prit beaucoup trop de temps pour mettre son imper gris avec une ceinture, un peu comme ceux que porte Nicole Garcia dans les films où elle court retrouver un amour, les cheveux mouillés par la pluie.

Je compris qu'elle m'attendait.

Nous quittâmes ensemble cette salle fellinienne

en parlant comme de vieux amis. En sautillant à mes côtés, elle m'expliqua qu'elle se rendait à l'aumônerie du lycée afin d'y retirer des places pour un concert qui se déroulait le soir même.

Je pensai qu'une aumônerie est un drôle d'endroit pour un concert, mais je l'accompagnai et l'attendis pendant qu'elle allait chercher ses places à la caisse. Quelques instants plus tard, elle revint visiblement contrariée. Elle s'était fait une joie d'assister à la *Cinquième* de Tchaïkovski dirigée par Sergiu Celibidache mais le chef d'orchestre, souffrant, s'était fait remplacer.

Je lui proposai de m'accompagner au musée. Monet, lui, ne s'était pas fait remplacer et l'exposition était magnifique. Nous la parcourûmes sans un mot, en nous construisant des souvenirs sublimes de complicité, puis nous retournâmes à la salle polyvalente, avec, au fond du cœur, ce secret partagé.

C'était l'heure de la chenille qui redémarre.

En riant, elle alla s'insérer dans la farandole derrière l'homme sans âge à la Range Rover, et je ne la revis jamais plus.

Pourtant depuis ce jour, à chaque fois que j'entends la *Cinquième* de Tchaïkovski, je pense aux *Cathédrales* de Monet et au regard d'une femme en cage un jour de pluie dans la voiture d'à côté.

Sergiu Celibidache : *Cinquième* de Tchaïkovski.

L'amant de Saint-Jean

J'ai rencontré Marguerite à la maison de retraite *Les Myosotis* de La Garenne-Colombes, dans les Hauts-de-Seine. J'accompagnais un ami chanteur, qui devait y donner un gala. Gala est sans doute un mot excessif, puisqu'il s'agissait de réunir les pensionnaires dans le réfectoire afin d'y écouter comme leur a dit la directrice, Mlle Pertin-Coutard, « le chanteur qui passe à la télévision ».

C'est vrai, mon ami chanteur est passé à la télé, mais à « La chance aux chansons ». C'est vrai aussi que lorsqu'on le voit sur de grandes affiches, il ne s'agit pas du Zénith mais de l'ouverture d'un Conforama sur une rocade infâme, généralement en compagnie de Thierry Pastor ou de Jacky Quartz, lors de ces samedis après-midi de centres commerciaux qui donnent envie de se tirer une balle dans la bouche.

Les jours de gala, il passe ses cheveux au cirage noir et accroche un smoking de scène fatigué sur un cintre à l'arrière de sa vieille R25. Lui aussi se sent fatigué en roulant vers la maison de retraite *Les Myosotis*, à La Garenne-Colombes dans les Hauts-de-Seine, où, pendant ce temps, Marguerite se prépare dans sa chambre qui sent le linge propre et l'eau de Cologne.

Sur un mur, à l'endroit réservé pour la touche personnelle, elle a accroché un cadre ovale en ronce de noyer, avec à l'intérieur, sur une photo sépia, le visage d'un homme moustachu à l'air sévère.

Quiconque voit ce portrait pour la première fois pense immédiatement que le type possède une tête de con. Un strabisme impressionnant ruinait son allure altière. Pour tout dire, il ressemblait à Noël Roquevert, comédien magnifique qui connut son heure de gloire dans les années 50 en interprétant avec talent des seconds rôles de connard autoritaire.

Il s'agit d'Alphonse, l'époux défunt de Marguerite. Défunt mais pas mort dans l'esprit de Marguerite puisqu'elle lui parle sans arrêt. Un léger murmure qui lui fait trembler les lèvres en permanence. D'ailleurs quand sa famille vient, rarement, la voir, avec ces bâillements étouffés et ces regards furtifs et incessants vers leurs montres à quartz, ça fait rigoler ses petits-neveux ces lèvres qui remuent sans arrêt. Ils se poussent du coude et pouffent, pauvres petits cons se moquant des lèvres de la vieille et ne sachant pas encore que les leurs ne murmureront jamais le moindre mot d'amour.

Marguerite s'active autant que lui permet son arthrose. Elle s'est lavée lentement, à l'évier, oh, bien sûr, chaque chambre des *Myosotis* est dotée d'une salle de bains avec douche, mais Marguerite a ses habitudes, depuis toujours elle se lave avec une cuvette dans l'évier, un gant de toilette pour la figure, et un autre gant pour le corps. Pareil pour les deux serviettes. Ça aussi ça fait rire ses petits-neveux.

Après la toilette, elle a mis le chemisier blanc à

jabot et à boutons de nacre, des boutons de nacre qu'Alphonse fut le seul à défaire.

Enfin elle s'est parfumée. Soir de Paris de Bourjois. Elle a toujours porté ce parfum, elle se souvient que la réclame de Radio Luxembourg disait : « Soir de Paris de Bourjois avec un j comme joie ».

Après avoir poudré ses joues pour en cacher la couperose, elle a mis le collier de perles synthétiques que le personnel des assurances La Séquanaise lui a offert lors de son départ en retraite.

Puis à petits pas précautionneux, Marguerite est descendue au réfectoire.

Depuis plusieurs jours les pensionnaires des *Myosotis* ont décoré la salle à manger en confectionnant des guirlandes en papier crépon. Sur chaque table on a posé une bouteille de monbazillac, six verres Duralex et une boîte de biscuits cuiller.

Tout au bout du réfectoire, un micro et de gros haut-parleurs vaguement inquiétants attendent le chanteur qui arrive en courant, tout sourire, le micro à la main, le fait tournoyer et le rattrape avec adresse.

« Il a copié sur Philippe Risoli », murmure sévèrement M. Roger, le voisin de Marguerite, ancien inspecteur des impôts dont l'autorité sur les autres pensionnaires n'a pas été le moins du monde altérée par la pose récente d'un anus artificiel. L'autre voisine de Marguerite, Mado la Polonaise, lui donne un coup de coude, lui désignant le chanteur, et dit tout fort : « Je l'ai vu à la télé, au palmarès de "La chance aux chansons"... Au fait, vous saviez que Pascal Sevran a un psoriasis ?... »

Un « chut ! » collectif interrompt ses descriptions pathologiques. De toute façon, Marguerite ne l'écoutait pas. Elle attend la chanson. Leur chanson à elle et à son strabiste sévère.

Après avoir chanté quelques-unes de ses propres compositions qui n'ont recueilli que des applaudissements polis, laissant craindre que la pile de cassettes en vente à l'entrée du réfectoire ne diminue guère à la fin du spectacle, le chanteur se met à interpréter des succès des années 30, 40 et 50.

Alors, peu à peu, l'enthousiasme naît dans le public. Le monbazillac a mis du rouge aux joues déjà pâlies par la mort qui rôde et de la chaleur dans les corps glacés.

Puis vient l'émotion. On commence à voir çà et là de grosses larmes couler au *Chaland qui passe*, à *L'Âme des poètes*, à *Domino* ou à *Un gamin d'Paris*...

Marguerite attend, vaguement inquiète. La dernière fois pourtant il l'avait bien chantée SA chanson...

Ça y est.

C'est leur chanson, *Mon amant de Saint-Jean*, elle l'a reconnue dès l'introduction, ses lèvres tremblent de plus belle... « Tu te souviens, Alphonse, le bal de la Saint-Jean sous les marronniers de la place de Salernes, on a dansé ensemble pour la première fois... »

Pour Marguerite, ce fut la nuit des premières fois. Première danse, premier homme, premier amour... le seul.

Dans le réfectoire de la maison de retraite *Les Myosotis* à La Garenne-Colombes dans les Hauts-de-Seine, une vieille femme a fermé les yeux et murmure : « comment ne pas perdre la tête serrée par des bras audacieux... » en penchant la tête d'un côté à l'autre.

Elle a vingt ans et elle danse dans les bras du moustachu du cadre ovale en ronce de noyer... comme il y a soixante ans, sur la place aux marronniers de Salernes... la nuit de la Saint-Jean.

Lucienne Delyle : *Mon amant de Saint-Jean*. Si l'on préfère des interprétations plus modernes de cette chanson, on choisira de préférence la B.O. du film *La Reine blanche* ou celle du groupe Tue-Loup (tirée de l'album du « Bancale » chez Play it again). À éviter absolument, la bouillie pour chat qu'en a fait Patrick Bruel.

Pierre Boulez, le traité du zen et l'entretien des motocyclettes

Je n'aimais pas Pierre Boulez, qui me semblait un imposteur suffisant. Jusqu'à une nuit de transit dans l'aéroport de Salt Lake City, il y a quelques années.

Je devais patienter jusqu'à l'aube dans une salle néonisée où nous n'étions qu'une dizaine de passagers assoupis en attente tandis que des Noirs en salopette verte repoussaient nonchalamment avec leurs balais-serpillières des boîtes de Coca vides.

J'observais les autres passagers. Deux enfants s'étaient endormis contre leur mère, un jeune cadre attaché-case et tête à claques s'excitait sur son ordinateur portable à la vue de cash-flows aphrodisiaques, et un vieux bonhomme fatigué, à la tête ronde, somnolait, coiffé comme le font certains chauves de façon dérisoire, en laissant pousser les cheveux sur les côtés puis en les faisant passer sur la zone du crâne sinistrée comme Giscard d'Estaing à une certaine époque.

Mais ce genre d'acrobatie capillaire nécessite un contrôle permanent, et le vieux monsieur assoupi dans cette salle de transit de l'aéroport de Salt Lake

City s'était résigné à laisser en désordre les quelques cheveux trop longs qui lui faisaient une tête de serial killer.

J'allai chercher un café à la machine automatique. L'engin ne rendait pas la monnaie et je ne possédais pas l'appoint, je fis demi-tour et me heurtai presque au vieux monsieur qui se proposa de m'offrir cette consommation.

J'acceptai en comprenant que cet expresso aurait un prix et que le tarif de nuit était une conversation pour meubler sa solitude.

Nous retournâmes nous asseoir côte à côte cette fois. Il se présenta. Il s'appelait Pierre Boulez. Je le connaissais, comme beaucoup de monde, mais je ne l'avais pas reconnu. Je le lui dis. Et il compléta : « Vous ne m'avez pas reconnu, comme beaucoup de monde. »

Le café avait un goût de kérosène. Inévitablement nous parlâmes de musique et je lui expliquai que mes goûts musicaux me portaient plus vers John Lennon que vers le dodécaphonisme.

J'étais assez fier d'avoir pu sortir ce mot qui, convenons-en, est assez difficile à placer dans une conversation courante. Je lui confiai que Frank Zappa constituait la limite de mes audaces musicales et je lui assenai, ce qui pour moi constituait l'argument suprême : « La musique se ressent, elle ne s'analyse pas. »

En souriant, il me répondit que c'était certainement la phrase qu'il avait le plus entendue de sa vie, et il me montra une femme défaite endormie quelques sièges plus loin.

Elle aussi possédait une coiffure surréaliste puisque constituée d'une sorte de choucroute rouge vif dressée à la verticale un peu comme Marge dans le dessin animé *Les Simpson.* Je reconnus Yvette Horner, et Boulez m'expliqua que pour certains admirateurs de cette dame la musique de John Lennon était incompréhensible.

Alors il me parla de la connaissance. De cette quête de la qualité qui constitue la dignité de l'homme. Et il m'offrit un petit livre intitulé *Traité du zen et de l'entretien des motocyclettes* [1]

qui raconte un voyage initiatique d'un père et de son fils à moto, à travers les États-Unis.

Un jumbo improbable clignotait au bout de la nuit.

Avec une phrase comme ça, j'ai des chances d'emballer Pascale Clark.

Le jour se levait. Boulez aussi. Il me serra la main et se dirigea vers le stand Avis. Au bout de quelques mètres, il s'arrêta, se retourna et me lança en riant : « Au fait, j'ai oublié de vous dire, j'ai rendez-vous avec Frank Zappa. »

Il s'éloigna en riant de plus en plus fort...

Je me réveillai en sursaut. Un grand Black tentait de passer la serpillière sous mon siège. C'était lui qui riait car je parlais en dormant, me dit-il. Je l'écartai pour regarder le stand Avis.

Il était fermé et désert.

Je regardai le siège où se trouvait Yvette Horner. Une Portoricaine obèse et édentée dormait la tête penchée sur son épaule.

Infiniment déçu, je décidai d'aller cette fois-ci

1. Robert M. Pirsig, *Traité du zen...*, Le Seuil, 1997.

réellement prendre un café, et, comme je me levais, un livre tomba.

Je le ramassai et lus sur la couverture *Traité du zen et de l'entretien des motocyclettes*.

Pierre Boulez : *Le Marteau sans maître*.

Frank Zappa : album du film *200 Motels*. Musiques avec Varèse.

Yvette Horner : *Perle de cristal*.

Lettre de fan

Émilie a treize ans. L'âge de tous les engouements, de toutes les exaltations, de toutes les frénésies. Treize ans et très envie. L'allitération est facile mais justifiée.

Comme toutes les filles de son âge, Émilie rêve de devenir chanteuse. Comme toutes les filles de son âge, elle prend des poses dans sa chambre, comme toutes les filles de son âge, elle a une idole dont la musique la bouleverse et, comme toutes les filles de son âge, lorsqu'elle parle de lui à ses parents, ils la regardent avec ce sourire condescendant qui rend fous les enfants.

Dans ces moments-là, comme toutes les filles de son âge, Émilie monte dans sa chambre en claquant la porte aussi fort qu'elle voudrait les frapper, puis, après s'être jetée sur son lit et avoir pleuré longtemps, elle écrit dans son journal intime en faisant des ronds sur les i à quel point elle est incomprise et à quel point elle déteste ses parents.

Comme toutes les filles de son âge, un soir de colère, un soir où il lui semblait que la terre entière la détestait, après avoir beaucoup pleuré, elle décida d'écrire à son idole.

Une lettre avec des phrases qui commençaient par « Je veux juste que vous sachiez » et qui finissaient par « voilà, c'est tout », des choses du genre « je veux juste que vous sachiez à quel point je me sens proche de votre musique. Voilà. Je veux juste que vous sachiez également que je ne peux plus écouter... (et là elle citait trois musiciens à succès) tant leur musique est nulle comparée à la vôtre, voilà ».

La lettre terminée, elle voulut y joindre un cadeau pour remercier l'artiste de lui offrir tant de bonheur.

Elle retrouva un portefeuille qu'elle avait confectionné pour son père à l'école, et le joignit à sa lettre.

Ses amies à qui elle confia cette histoire ne lui laissèrent guère d'illusions sur les chances de recevoir une réponse. « Tu sais, Émilie, des lettres comme ça, ils en reçoivent des dizaines et quand ils daignent répondre, c'est une vague secrétaire qui écrit la lettre. »

Mais Émilie avait mis sa vie dans ce courrier maladroit et elle ne pouvait pas croire qu'une telle sincérité puisse laisser le musicien insensible. Les jours passèrent et il n'y avait pas de courrier pour elle.

Des semaines plus tard, alors qu'Émilie avait perdu l'espoir, sa maman frappa à la porte de sa chambre et lui tendit une lettre en disant : « C'est pour toi. »

C'était le premier courrier qu'elle recevait de sa vie, et sans savoir pourquoi elle rougit.

La lettre disait ceci :

Ma chère Émilie,

Ma réponse à ta lettre arrive tard. Une foule d'occupations puissent-elles m'excuser.

N'enlève pas leur couronne de lauriers aux musiciens que tu cites dans ta lettre, elle leur est due. À moi pas encore.

Ton portefeuille sera conservé parmi d'autres cadeaux donnés par quelques personnes. C'est une marque d'estime que je suis encore bien loin de mériter.

Tu dis vouloir chanter. Persévère, n'exerce pas l'art seulement mais pénètre aussi en son être intime, il le mérite, car seuls l'art et la science élèvent l'homme jusqu'à la divinité.

Considère-moi comme un ami et celui de ta famille.

Datée du 17 juillet 1812, cette lettre, authentique, est signée Ludwig van Beethoven.

Beethoven : tout, absolument tout, sauf peut-être *Besoin de moi, envie de rien* qu'il écrivit au tout début de sa surdité.

Pa-pa ma-man pa-pa ma-man

Décembre 1965. Jean-Pierre vient d'avoir douze ans et espère Noël.

Il vit en banlieue et, pour se rendre au collège, passe chaque jour devant le magasin Toutélec, de l'avenue Paul-Vaillant-Couturier.

Chez Toutélec, on vend des ampoules, du fil électrique, des fusibles, mais aussi des robots ménagers, d'imposantes radios en bakélite dont le dessus se soulève laissant apparaître un pick-up, de gros transistors Pizon-Bros, et des disques intitulés « Surprise-partie avec Caravelli et ses violons magiques ».

Ce magasin est tenu par un poujadiste à fine moustache, vêtu d'une blouse blanche en nylon et viscose, avec une poche sur la poitrine d'où émerge un stylo quatre couleurs en métal argenté.

Chaque jour, Jean-Pierre s'arrête devant le magasin Toutélec de l'avenue Paul-Vaillant-Couturier et son nez appuyé sur la vitrine dessine très vite une auréole de buée en ce glacial mois de décembre. Mais il se moque bien du froid, car, au milieu de la vitrine du magasin Toutélec, trône une magnifique batterie de marque Ludwig, de couleur argent pailletée d'or, comprenant une grosse caisse, une caisse claire et une cymbale sur pied. Jean-Pierre est fasciné et, comme il fait encore nuit lorsqu'il se rend au collège, cette batterie d'argent pailletée d'or, éclairée au gré des clignotements des guirlandes de Noël dans la vitrine du magasin, ressemble aux Vierge Marie entourées de petites ampoules qu'il a vues dans les boutiques à Lourdes lorsqu'il y est allé avec le caté.

Chaque soir en rentrant du collège, Jean-Pierre après avoir de nouveau fait une longue pause devant le magasin Toutélec supplie ses parents de lui acheter cette batterie pour Noël. Dans le « on verra » laconique de son père, il sent bien que ses parents ont déjà décidé de lui offrir, mais il insiste, juste pour le plaisir de parler encore et encore de la batterie Ludwig couleur argent pailletée d'or.

Une semaine avant Noël, plus précisément le 19 décembre 1965, se déroula le deuxième tour de scrutin des élections présidentielles, dont le premier tour avait donné lieu à une énorme surprise, puisque, contre toute attente, le général de Gaulle avait été mis en ballottage.

Les parents de Jean-Pierre, gaullistes convaincus, partirent voter de bonne heure mais s'arrêtèrent en chemin à la boutique Toutélec, ouverte le dimanche matin, afin de commander la batterie dont rêvait leur enfant. Après une discussion courtoise mais animée avec M. Toutélec, ce dernier reprochant pêle-mêle au Général l'abandon des colonies et l'arrivée de Johnny Hallyday, les parents de Jean-Pierre se rendirent au collège où se tenait le bureau de vote.

C'est là, en traversant la rue, juste devant le collège, qu'une camionnette de livraison des vins Picardy, le fidèle reflet de la vigne, dont le chauffeur avait perdu le contrôle en raison du gel, les faucha, les tuant tous les deux sur le coup.

Le petit Jean-Pierre fut recueilli par sa grand-mère et « le monsieur de chez Toutélec » livra la batterie chez elle.

Depuis la mort de ses parents, Jean-Pierre ne parlait plus, mais, dès qu'il rentrait du collège, il s'enfermait dans la cave du pavillon familial et regardait l'instrument sans y toucher.

Sa grand-mère alla voir un professeur de batterie nommé Jo Pucheu et inscrivit Jean-Pierre à ses cours, particulièrement renommés depuis que Jo Pucheu était passé à la télévision dans l'orchestre de Pierre Spiers.

Le jeudi suivant, Jean-Pierre alla prendre son premier cours de batterie.

Jo Pucheu installa Jean-Pierre devant une batterie d'études dont la caisse claire avait été percée et réparée avec de l'adhésif, puis il se plaça derrière l'enfant et, lui saisissant les poignets pour le guider, lui fit frapper alternativement sur la caisse claire, deux coups de baguette de la main droite, puis deux coups de la main gauche. Il lui expliqua que cet exercice avait pour but de rendre chacune de ses mains indépendante.

Quand Jean-Pierre eut compris le mouvement, Jo Pucheu se recula et lui dit : « Maintenant tu vas faire ça tout seul, deux coups main droite, deux coups main gauche, c'est le b.a.-ba de la batterie, on appelle ça le papa-maman, d'ailleurs, pour bien t'imprégner du mouvement, en frappant de la main droite, tu diras papa et quand tu taperas de la main gauche, tu diras maman. »

Jean-Pierre ne réalisa pas tout de suite. Quand il

commença à taper sur la batterie pa-pa, ma-man, pa-pa, ma-man, de grosses larmes se mirent à couler sur ses joues. Il se mit à frapper de plus en plus fort sur la caisse claire, en criant de plus en plus fort pa-pa ma-man pa-pa ma-man...

Puis, dans un hurlement de douleur, il renversa la grosse caisse d'un violent coup de pied et dans sa chute cette dernière entraîna la cymbale dans un bruit d'apocalypse ponctuant le cri de souffrance de Jean-Pierre qui courut en suffoquant s'enfermer dans la cave de sa grand-mère, auprès de sa batterie.

De longs mois passèrent avant qu'il n'ose enlever le drap qui la recouvrait. Puis, peu à peu, il la caressa, comme pour l'apprivoiser. Un jour, étonné par son audace, il donna un léger coup de baguette sur la cymbale, et finit par s'asseoir sur le tabouret aux pieds d'aluminium.

Pendant des mois, il apprit seul à jouer. Sans jamais refaire l'exercice pa-pa ma-man.

Il devint le meilleur batteur de sa génération.

Il a aujourd'hui cinquante ans et vient d'être victime d'un infarctus du myocarde. Comme si son cœur en avait eu assez d'entendre dans ses battements pa-pa ma-man pa-pa ma-man...

N'importe quel album live d'Art Blakey et les Jazz Messengers.

Madame Boursault

Mme Boursault trône à la caisse de la charcuterie-comestibles-produits régionaux *Boursault*, place du Général-Leclerc à Chatou dans les Yvelines.

J'ai toujours été intrigué par ce mot : « comestibles ». Enfant, je croyais que les charcuteries sur lesquelles ne figurait pas la mention « comestibles » vendaient des denrées non consommables ou périmées, destinées aux pauvres.

Mais la maison *Boursault* justifie parfaitement son enseigne, elle respire l'opulence. On n'ose pas y entrer pour acheter une tranche de jambon. C'est de la charcuterie de dimanche matin après la messe, où, sous un alignement de faisans pendus au plafond, on vend du foie gras, des feuilletés de saumon, du tarama et des assortiments de canapés très sophistiqués particulièrement appréciés par l'épouse de M. le Maire.

Mme Boursault trône. Et le verbe trôner n'est pas innocent tant il y a de suffisance et d'ostentation chez cette femme qui a des « vrais airs » de Nadine de Rothschild. Lorsque des clients lui font remarquer cette ressemblance, elle se rengorge. À toute heure, Mme Boursault est embijoutée, parfumée, la poitrine gélatineuse et la cuisse enrobée de mauvaise graisse blanchâtre, mais toujours apprêtée, nette, elle dit. Elle aime à le répéter : Il faut être net sur soi. La présentation, c'est important.

Elle a épousé Jacky Boursault, titulaire d'un C.A.P. de charcuterie dont il est légitimement très fier. Il l'a encadré au mur de la boutique, juste sous les faisans.

Mme Boursault se pique de culture. Elle apprécie la grande musique, notamment André Rieux qui constitue pour elle le romantisme absolu, et la littérature, plus particulièrement Alexandre Jardin et Jean d'Ormesson.

Chaque matin, elle inscrit sur la vitrine avec un petit pinceau et de la peinture blanche les spécialités que Jacky a cuisinées pour la journée. Elle possède une écriture scolaire, appliquée, avec des pleins et des déliés, une écriture de certificat d'études.

Aujourd'hui, Jacky a préparé des lasagnes à la bolognaise. Mme Boursault ne savait pas s'il fallait écrire bolonaise ou bolognaise, alors elle a demandé à Jacky qui lui a répondu : « C'est toi qu'es niaise ! » et il a éclaté de rire très fort, ce qui fit déborder un peu de ventre de son tee-shirt trop court sur lequel figurait la maxime : « N'engueulez pas le patron, la patronne s'en charge ».

Mme Boursault sourit d'un air indulgent aux facéties de son mari. Elle sait bien que Jacky est bête, inculte et qu'il apprécie Bernard Pons. Mais il est courageux, sérieux comme elle dit, c'est pas lui qui boirait son commerce ou le perdrait aux courses. Un mari sérieux, une bonne santé, une charcuterie qui marche, voilà ce qui compte, se plaît-elle à répéter, d'autant qu'elle n'hésite pas à révéler aux clients qu'elle n'est pas portée sur la chose. Elle dit « La Chose », comme s'il s'agissait d'un alien, tant il est vrai que, pour elle comme pour Gainsbourg, l'amour physique est sans issue.

Et pourtant...

Pourtant l'année dernière, sur la place du Général-Leclerc à Chatou dans les Yvelines, on a démoli un bâtiment vétuste en face de la charcuterie-comestible *Boursault*, pour construire à la place un grand et bel immeuble de bureaux.

Pendant six mois, les ouvriers de l'entreprise Spie-Batignolles venaient chaque midi à la charcuterie acheter avec leurs tickets-restaurant des sandwiches et des plats cuisinés. Mme Boursault, qui perçoit instantanément le statut social d'un client dès son entrée dans la boutique, prenait un air pincé à l'irruption de ces travailleurs grossiers et bruyants, sans compter que les tickets-restaurant, ça fait du travail administratif en plus.

Mais son irritation ne dura guère. Peu à peu, elle se mit à attendre et même à espérer la venue des ouvriers, plus précisément de l'un d'entre eux prénommé Pedro. Il avait ému Mme Boursault par sa politesse et sa timidité, au point qu'il avait rougi le jour où l'un des autres ouvriers avait pété dans la charcuterie.

Pedro ressemblait à un toréador, enfin à l'idée que Mme Boursault se fait d'un toréador. Avec une grande mèche qui tombait sur son front et qu'il remettait en place d'un coup de tête.

Pour ce geste de la tête, Mme Boursault tomba amoureuse.

Oh, bien sûr, elle n'en parla jamais. À personne. Quand on tient une bonne maison comme la charcuterie-comestibles-produits régionaux *Boursault*, avenue du Général-Leclerc à Chatou, on ne va pas raconter des histoires de maçon espagnol sans queue ni tête.

Sans queue ni tête ? Pas sûr, car, depuis cette époque, chaque fois que Jacques Boursault honore en haletant son épouse d'une trop brève saillie, cette dernière ferme les yeux et pense à un ouvrier beau comme un torero.

Et la voilà Ibère, dansant la sévillane, le menton aux étoiles, Andalouse aux seins brunis martelant le sol du talon et soulevant sa robe de Gitane pour offrir à Pedro la vision de jambes interminables cuivrées au soleil de Grenade.

Alors, quand, le souffle court, Jacky retombe lourdement sur le flanc et s'endort aussitôt, bouche ouverte, Mme Boursault, ouvrant enfin les yeux, regarde son charcutier endormi et murmure : « Jacky, mon pauvre mari, non seulement tu es con, mais tu es si laid, si tu savais comme j'aimerais que pour une heure, une heure seulement, tu sois beau, beau et con à la fois... »

Jacques Brel : *Jacky.*

Le retour

Le premier qui me parla de cette sonate de Beethoven intulée *Le Retour* était un député R.P.R. Vous comprendrez à quel point l'adjectif surprenant prend ici tout son sens, qu'il s'agisse de ma rencontre improbable avec un baron du gaullisme, ou bien du fait que ce dernier puisse avoir les larmes aux yeux à l'écoute d'une sonate de Beethoven.

Ce député-maire de Saint-Germain-en-Laye s'appelait Michel Péricard, un homme pas précisément connu pour sa personnalité de midinette. Tout le monde se rappelle ses prises de position réactionnaires. Pour tout dire, je le prenais pour un gros con.

Je rencontrai Michel Péricard à l'une de ces fêtes onéreuses que la Sacem se plaît à organiser et dont le buffet à lui seul représente environ un an de P.N.B. du Sri Lanka.

Ce jour-là, je me retrouvais face à lui, un mini-toast garni d'une pointe d'asperge dans une main, une coupe de champagne dans l'autre. Michel Péricard avait également les deux mains prises, mais l'habitude de ce genre de cérémonie lui conférait cette prestance de l'homme de cocktails, saluant d'un mouvement de la tête, sachant réprimer avec discrétion les renvois intempestifs de champagne, en les conservant quelques instants en bouche puis en les exhalant peu à peu au fur et à mesure de la conversation.

Très à l'aise au milieu des rappeurs à bonnet et des punks à piercing, ce sexagénaire petit et trapu avait, ce jour-là, desserré son nœud de cravate comme signe de révolte, en gage d'insoumission donné aux poètes et aux troubadours.

Comme beaucoup d'hommes politiques contraints par leur fonction à cacher toute forme d'émotion, il était fasciné par les artistes.

La houle du cocktail nous ayant mis face à face, il me salua sans savoir qui j'étais. Après un échange de banalités, pour justifier notre présence en ces lieux, nous parlâmes de musique.

Je sentis très vite que, le champagne aidant, il avait envie, il avait besoin de me raconter une histoire qui lui tenait à cœur pour trois raisons essentielles. La musique, la jeunesse et l'amour. Trois raisons qui lui rappelaient qu'il avait été vivant un jour.

Les yeux humides, il me parla.

Au début des années 50, alors qu'il commençait une carrière de journaliste à Tunis, il tomba éperdument amoureux d'une fille brune qui ressemblait à Claudia Cardinale.

Mais la belle était insouciante, instable, volage, et s'amusait avec notre nouvel ami, semblant tour à tour se désintéresser de ses avances, puis ranimant sa flamme dès qu'elle sentait qu'il se lassait de son indifférence.

Il avait fini par la surnommer Ma P'tite Folie, du nom d'une chanson à succès de l'époque, interprétée par Line Renaud.

Émue par cet amour, elle finit par céder à ses

avances la veille de son départ pour Paris. Elle partait pour une année d'études.

Michel Péricard passa en vingt-quatre heures du plus grand bonheur à la plus grande souffrance.

Ce fut la plus longue année de sa vie. Il lui écrivit tous les jours. Elle, conforme à son personnage, pouvait rester deux mois sans lui donner de nouvelles avant de lui envoyer un télégramme enflammé ou un colis contenant un cadeau.

Il me récita de mémoire un poème qu'il lui avait écrit pendant cette année d'absence. Un poème maladroit et touchant basé sur des métaphores météorologiques, intitulé *Le temps restera couvert sur la majeure partie de l'absence.*

Puis vint enfin le jour du retour.

Il me raconta en détail cette journée, son arrivée trois heures en avance à l'aéroport de Tunis, écrasé de soleil comme dit Yves Simon. Il se souvenait de tout, du bruissement des palmiers, du goût du sirop d'orgeat au bar de l'aéroport, d'un Super-Constellation qui atterrit, et puis, comme dans un film de Lelouch, ce futur Michel Péricard de l'Assemblée nationale courant sur le tarmac vers l'escalier mobile de débarquement et son cœur essoufflé qui explose au moment où, tétanisé, il la voit quitter l'appareil au bras du commandant de bord.

Il conclut en me disant : « Depuis ce jour, je n'aime pas les retours, j'ai toujours peur qu'un type en uniforme en profite pour me voler mon bonheur. »

Beethoven : sonate pour piano *Les Adieux, l'absence et le retour*, nº 26, en mi bémol majeur, op. 81a.
Line Renaud : *Ma P'tite Folie*.

La jeune fille au violoncelle

Février 1942. Une jeune femme, encombrée d'un étui de violoncelle qu'elle serre maladroitement contre elle, monte dans le tramway de Pessac à Bordeaux. Elle se dirige vers l'avant du tram, là où restent toujours des places libres, en provoquant sur son passage les quolibets obscènes des ouvriers de la base de sous-marins et les grognements des autres passagers, endormis et frigorifiés, qu'elle heurte de son volumineux bagage.

Elle finit par s'asseoir près d'une fenêtre, tenant toujours son étui de violoncelle serré contre son corps. En face d'elle, un jeune homme portant des lunettes de myope l'a observée pendant qu'elle s'asseyait mais, par timidité, il a détourné la tête dès que le regard de la jeune femme a croisé le sien et il semble maintenant complètement absorbé par la banlieue bordelaise qui défile.

À son tour, elle l'observe et, très vite, s'aperçoit que le jeune homme la regarde dans le reflet de la vitre du tramway. Par jeu et par défi, elle le regarde à son tour dans le même reflet et lui sourit. Le garçon rougit mais continue à faire semblant de regarder dehors. Alors, de son index ganté de laine, sur la buée de la vitre, juste à la hauteur des yeux du jeune homme, elle écrit son prénom : Clara.

Lui, écarlate, parvient à rester imperturbable, et ne la regarde même pas lorsque, arrivée au conservatoire, elle descend du tramway.

Le lendemain matin, les ouvriers de la base de sous-marins reprennent de plus belle leurs commentaires grossiers sur le passage de Clara. L'un d'entre eux, un petit bonhomme à casquette, aux joues couperosées, écarte de façon obscène ses jambes en bleu de travail pour imiter la position des violoncellistes.

Mais Clara est déjà assise en face du jeune homme aux lunettes de myope. Juste au moment où il va recommencer son manège de la veille et se mettre à regarder le paysage, elle lui dit bonjour d'une voix enjouée.

Alors il la regarde. Alors ils se regardent. Interminablement. Et sans dire un mot, juste dans ce regard échangé, ces deux-là se racontent, ils s'offrent leurs enfances, ils ne se connaissaient pas mais se savent déjà et se boivent des yeux.

Elle bougea la première comme on brise un cristal. Elle lui tendit la main mais, en faisant ce mouvement, le bras de l'étui de violoncelle se déplaça et l'étoile apparut.

Le jeune homme rougit en lui serrant la main, comme s'il l'avait vue nue.

Gênée de le gêner, elle lui parla.

Elle étudiait le violoncelle au conservatoire de Bordeaux et avait constitué avec d'autres élèves un orchestre à cordes. Elle lui montra la partition de l'œuvre sur laquelle elle travaillait.

Il ne connaissait rien à la musique, alors elle lui expliqua qu'il s'agissait d'un quatuor de Haydn, appelé *L'empereur*, devenu l'hymne allemand.

À cette évocation, il ne put s'empêcher de regarder l'étoile jaune, et lui dit : « Ça doit être un très beau morceau pour que vous l'aimiez malgré tout... »

Elle répondit : « Il n'y a pas d'autre mélodie au monde. »

Elle était arrivée.

Comme elle allait se lever, il lui attrapa la main, dans un geste de brutale tendresse, en criant presque : « Attendez... »

Il avait trop de choses essentielles à lui dire, alors il balbutia : « Je veux que vous sachiez que... j'aimerais tant vous regarder dormir... » Elle sourit en essayant de dégager sa main, mais il s'accrochait à elle comme un noyé et, juste pour prolonger l'instant, il continua bêtement sa phrase : « J'aimerais vous regarder dormir, et puis... et puis, tout doucement, soulever votre visage, retourner votre oreiller et vous reposer tout doucement du côté frais... »

C'était puéril... c'était puéril, mais Clara était en larmes en descendant du tramway.

Le lendemain, le jeune homme entendit roter puis rire les ouvriers de la base sous-marine, mais attendit en vain la jeune fille.

Il ne la vit pas non plus le lendemain...

Ni les jours suivants.

Au bout d'une semaine, il descendit du tramway à l'arrêt du conservatoire et alla demander au concierge s'il connaissait une amie à lui, qui se prénommait Clara et jouait du violoncelle.

Le vieux monsieur lui expliqua que les miliciens étaient venus, et qu'ils avaient emmené les juifs, même des enfants, mais ils avaient un ordre officiel signé Papon, précisa-t-il.

Le jeune homme, dévasté, se fit la remarque idiote que la loge sentait l'urine de chat.

« Vous êtes de la famille de Clara Kaplan ? » lui demanda le concierge.

Il s'entendit répondre : « Nous allions nous marier », alors le vieux monsieur qui sentait l'urine de chat lui remit le violoncelle dans son étui.

Après avoir eu les mains brisées par des gardiennes polonaises, Clara Kaplan mourut à Ravensbrück en avril 1944.

L'autre soir, à la télévision, on nous montra l'arrivée en hélicoptère de Maurice Papon à la prison de Fresnes.

Dans la foule massée devant la maison d'arrêt, on voyait un vieux monsieur portant des lunettes de myope qui attendait, anachronique, face aux Terminators du cordon de C.R.S.

Quand l'hélicoptère amenant l'immonde se posa dans la cour sous les huées des voleurs d'autoradios, le vieux monsieur leva les bras et tendit très haut un carton sur lequel, d'une écriture appliquée, avec des pleins et des déliés, il avait juste écrit « Clara ».

Et je vous jure qu'à cet instant, devant ma télévision, j'ai entendu un violoncelle qui jouait l'hymne allemand et une voix de jeune fille qui disait : « Il n'y a pas d'autre mélodie au monde. »

Haydn : intégrale des quatuors par le quatuor Amadeus.

Le neurone d'Obispo

Didier Barbelivien ayant fini par décéder, et c'est peut-être mieux ainsi vu que ça faisait longtemps qu'il n'avait plus sa tête, on savait que son cancer de la connerie était irréversible, permettez-moi de lui rendre hommage car, avec un courage inouï, Barbelivien écrivait encore des chansons alors que la connerie s'était généralisée dans sa boîte crânienne.

Comme la nature a horreur du vide (sauf dans l'écriture des chansons), dès son décès, Didier Barbelivien a été remplacé par Pascal Obispo. La même poésie de Prisu, la même suffisance imbécile, la même pauvreté de création enfouie sous les redites et les plagiats, les mêmes difficultés capillaires, Obispo marquant néanmoins une différence grâce à une scarification de sourcils comme en arboraient les gangs de Los Angeles dans les années 80. Ce symbole d'insoumission signifie qu'Obispo est un rebelle, un anarchiste, qu'il déteste les fascistes et qu'avec un courage inouï il est contre le sida.

J'ai donc décidé de procéder à l'analyse sémantique d'une chanson du scarifié sourcilier intitulée : *Tombé pour elle (L'Île aux oiseaux)*.

On est d'entrée intrigué par ce titre énigmatique car on ne perçoit pas le rapport entre les deux locutions... tombé pour elle et l'île aux oiseaux, c'est comme s'il avait intitulé sa chanson : Amour d'été – Tractopelle, ou bien : Souvenirs d'enfance – Clé de 12.

Mais cette dichotomie a une explication. Pascal Obispo ne possède qu'un seul neurone qui tourne en boucle dans sa boîte crânienne, alors, à chaque passage dudit neurone, il note ce qui vient.

Au bout de deux cents passages du neurone, la chanson est terminée.

Voyons maintenant le premier couplet.

Tu es tombée du ciel
Et moi qui voyais le mal partout
Si l'amour est encore sur terre
Sans toi je n'aurais jamais pleuré autant de joie

Ah ! la vache ! Là, le neurone d'Obispo a frappé très fort puisque aucun des vers de ce couplet n'a le moindre rapport avec celui qui précède.

Nous sommes, par ailleurs, immédiatement frappés par la richesse poétique, notamment la qualité des rimes, puisqu'il fait rimer ciel avec partout et terre avec joie. Quand je vous disais qu'Obispo est un insoumis, mais là, ça n'est plus de l'audace, c'est de la rime intrépide.

Poursuivons cette passionnante analyse.

Sans toi je n'aurais jamais pleuré autant de joie
Pour personne
Le canon qui résonne

Alors là d'accord, personne et résonne ça rime... mais ça rime à rien.

Pourtant, pour les plus nuancés d'entre vous qui penseraient qu'il s'agit d'un texte à chier, je tiens à prendre la défense de Pascal. Cette prosodie surréaliste a une explication.

Comme rime pour le mot personne, Obispo avait le choix entre cochonne, trombone, carbone, mégaphone, teutonne, Kyrie eleison, androstérone, testostérone, héliosynchrone, pet-de-nonne et résonne, il a choisi résonne et nul ne peut l'en blâmer, car il aurait pu nous écrire :

Sans toi je n'aurais jamais pleuré autant de joie
Pour personne
Ma cochonne...

Il nous a épargné ça.
Grâce lui en soit rendue.

Venons-en au deuxième couplet.

Zizi sur pilotis

Oui, écoutez bien la chanson, ce couplet commence comme ça, et là, honnêtement, un zizi sur pilotis, je vois pas, pour comprendre j'ai même essayé de dessiner, j'y arrive pas.

Zizi sur pilotis
Refuge de mes amours gloutis

Là, Obispo voulait écrire un vers de huit pieds mais comme avec le mot englouti ça lui faisait un pied de trop, il a supprimé une syllabe. On dirait du François Rollin.

Zizi sur pilotis
Refuge de mes amours gloutis
Mon cœur dépose à la dérive
Marennes me font de Venise

Là je n'ai pas compris, Marennes Oléron, d'accord, mais quel rapport entre les huîtres et Venise...

Marennes me font de Venise
Je reste avec les étoiles de mer les oiseaux des terres amères et mon cœur qui se perd

Eh bien, ça doit être un beau bordel chez M. Obispo ! Des étoiles de mer et des oiseaux des terres amères dans son salon, je vous dis pas l'odeur, sans compter les huîtres vénitiennes, tu m'étonnes qu'il ait le cœur qui se perde... non parce que le cœur qui se perd, en langage normal, ça veut dire qu'il a envie de gerber et on le comprend...

Voilà, c'est de la poésie de CM2, du romantisme pour collégiennes qui collent un baiser au rouge à lèvres au dos des enveloppes.

Ce sont les filles de celles qui adoraient *À toutes les filles que j'ai aimées avant* de Didier Barbelivien.

Tout ça est « rond », comme disait Simone Signoret.

« Tout ça est con », comme disait Socrate.

Pascal Obispo : rien, absolument rien.

Monsieur Minois

M. Minois ne possède pas un physique conforme à son patronyme. De petite taille, avec ses lunettes conventionnées par la Sécurité sociale, lorsqu'on le voit au côté de la cantatrice qu'il accompagne au piano, il ressemble à un bonhomme dessiné par Dubout.

Comble d'infortune, M. Minois porte, au bas de sa joue gauche, un poireau, un grain de beauté en relief orné de deux poils comme en étaient dotées les grand-tantes de notre enfance qu'on embrassait à reculons lors des visites dominicales. On dirait une tête de reine des fourmis avec ses antennes collées à la commissure des lèvres.

M. Minois est aussi organiste. Chaque dimanche à la basilique d'Argenteuil, il officie aux grandes orgues pendant la messe. Et là, du haut de sa tribune, exalté par la musique et la foi, M. Minois tutoie l'infini [1].

1. Oui, je sais, la locution « tutoyer l'infini » est à la littérature ce qu'un poulbot est à une toile de maître : une jardinerie, non, non pas une jardinière, une jardinerie, ça vient d'Alexandre Jardin. Mais il est des facilités, des platitudes et des vulgarités dont on a honte, certes, mais qui font tellement de bien. Écrire « tutoyer l'infini », c'est comme faire pipi dans un lavabo, c'est laxiste mais tellement délicieux, on a la bite

C'est son heure de gloire. L'écho des grandes orgues dans la nef lui procure à chaque fois la seule véritable émotion de sa triste vie. Et puis surtout, parmi les fidèles, se trouve Claire Lagarde. C'est pour elle qu'il tutoie l'infini.

M. Minois est amoureux.

Il a rencontré Mme Lagarde il y a plusieurs mois, un dimanche après la messe, sur le parvis de l'église, au moment où les fidèles, unis par la complicité de ceux qui ont le sentiment éphémère d'être un peu meilleurs, retardent le moment de se séparer en devisant par petits groupes, avant d'aller à la boulangerie acheter le gâteau dominical.

Au dernier dimanche des Rameaux, le prêtre présenta M. Minois aux paroissiens qui l'entouraient. Chacun le félicita pour son talent. Claire Lagarde faisait partie du groupe. Lorsqu'il la vit, M. Minois sut que c'était Elle.

Il sut qu'il l'attendait depuis toujours, au point qu'il pensa que ses premiers pleurs de bébé étaient dus à son absence, et surtout, en ce dimanche des Rameaux, M. Minois comprit pourquoi la musique existait.

Il pensa à cette scène du film *Le Vieux Fusil* où Philippe Noiret fait la connaissance de Romy Schneider et la fixe en silence avec tellement d'intensité qu'elle s'arrête au milieu d'une phrase et

qui repose sur le bord frais de la faïence, même pas besoin de faire l'effort de la tenir, on croise ses mains derrière la tête en s'étirant, puis on savoure bêtement l'instant en sifflotant. Eh bien, lorsque j'ai écrit que M. Minois tutoie l'infini, j'ai posé mon cerveau sur le rebord d'un évier, je me suis étiré et j'ai siffloté.

lui demande « Pourquoi me regardez-vous comme ça ? », alors, comme une évidence, il répond « Je vous aime ».

M. Minois tenta de lui faire comprendre sa passion en un regard, mais essayez de faire passer un amour infini quand vous portez les lunettes agréées par la Caisse primaire d'assurance maladie et que dame nature a pourvu la commissure de vos lèvres d'un répugnant poireau à deux poils !

Alors, il la regarda parler. Il l'écouta bouger.

Claire Lagarde, avec cet instinct qu'ont les femmes à percevoir le non-dit des hommes, comprit immédiatement à quel point M. Minois était amoureux.

Depuis ce jour, il s'installa entre eux une relation étrange mais très belle.

Elle savait. Lui savait qu'elle savait, et ils savaient tous les deux qu'ils n'en parleraient jamais.

M. Minois avait une vie affective proche du néant, constituée presque exclusivement de pratiques masturbatoires.

Après s'être branlé, M. Minois s'endormait en faisant régulièrement un rêve à la fois délicieux et douloureux.

Sur la scène d'un théâtre à l'italienne, il jouait de l'orgue pour une spectatrice unique, Mme Lagarde.

De ses doigts jaillissaient des harmonies magnifiques inconnues jusqu'alors.

Mais chaque nouvel accord qu'inventait M. Minois lui volait un peu de ses forces. Plus sa musique était sublime, plus il s'affaiblissait.

Il savait que son dernier accord serait le plus beau, qu'il atteindrait à l'harmonie parfaite, mais que, dès qu'il l'aurait joué, il mourrait épuisé d'avoir tant donné d'amour et de beauté.

Chaque dimanche, dans la basilique, pendant qu'il jouait, M. Minois jetait de fréquents regards dans le rétroviseur anachronique fixé aux grandes orgues permettant au musicien de voir l'assemblée des fidèles dans son dos. Avec l'espoir insensé que Mme Lagarde se lèverait soudain, s'approcherait de lui pour l'enlacer comme le fit Anna Magdalena en larmes à son amour Jean-Sébastien Bach, un jour qu'à Saint-Thomas de Leipzig il interprétait un choral.

À Noël dernier, Mme Lagarde vint assister à la messe de minuit exceptionnellement accompagnée par son mari. Congestionné de dinde et de boudin blanc, il ne dégoûtait même plus Claire Lagarde, tant elle éprouvait de mépris pour ce contrôleur de gestion adipeux dont le dernier enthousiasme avait été de s'engager pour la candidature de Madelin aux présidentielles.

En apercevant M. Lagarde, le petit organiste eut l'impression que quelqu'un plongeait la main dans son thorax pour en arracher le cœur et le jeter aux chiens.

Une larme coula sur sa joue et, comme pour l'humilier davantage, elle s'arrêta un instant, bloquée par sa verrue.

Alors, ce soir-là, il joua comme il n'avait jamais joué.

Et il retrouvait ces accords insensés qu'il avait inventés dans son sommeil, et sublimait ce choral de Bach qui devenait le plus beau cadeau d'amour qu'un homme eût jamais fait à une femme.

Aveuglé de larmes, il ne vit pas dans le rétroviseur des orgues de la basilique l'image d'une femme brune qui grandissait peu à peu. Il ne la vit pas se tenir un instant debout juste derrière lui. Il ne la vit pas non plus pleurer d'émotion, mais il la sentit lorsqu'elle s'appuya contre lui en l'enlaçant. Alors M. Minois joua le dernier accord du choral comme dans son rêve puis s'écroula sur le clavier.

Au moment où l'on fêtait la naissance d'un homme qui parla d'amour, ce soir-là dans la basilique d'Argenteuil, un petit organiste est mort d'amour, mais, pour la première fois de sa vie, heureux.

J.-S. Bach : chorals.

Problème sur la 7e

J'ai rencontré Francky dans un T.G.V. qui m'emmenait à Poitiers. Francky se rendait également à Poitiers, pour y voir son idole, Johnny Hallyday, qui donnait un concert le soir même au Futuroscope.

Car Francky fait partie de ce qu'on appelle les vrais fans d'Hallyday, ainsi qu'en atteste son tee-shirt noir trop court faisant ressortir un bourrelet de peau bleutée. Au centre, on peut voir le visage de la star en lamé or, entourée des symboles sacrés, à savoir : une guitare électrique, une Harley Davidson, un micro et une tête d'aigle, le tout souligné par la mention « rock'n roll attitude » écrite en méandres dorés sur une portée musicale.

Francky possède la rock'n roll attitude. Il est coiffé comme un footballeur allemand, les cheveux courts devant et très longs derrière, porte trois anneaux à l'oreille droite... car à la gauche c'est les pédés, me précise-t-il, manière de lever toute équivoque sur l'orthodoxie de ses mœurs. Francky a entrepris de me parler à peine le train parti.

À Poitiers, je savais tout de sa vie.

Chef d'atelier à la succursale Peugeot Sodesto d'Argenteuil, il vit à Cormeilles-en-Parisis, dans une cité qu'il s'obstine à appeler résidence.

Il me montra de nombreuses photos, sur lesquelles figurait toujours Johnny. Lui avec Johnny, sa femme avec Johnny, son fils avec Johnny et même son berger allemand avec Johnny. L'idole avait toujours cet air las et cette indicible tristesse qu'Yves Simon appelle la solitude de l'aigle qui a brûlé ses ailes au soleil.

Au hasard des photos où figurait la femme de Francky, je remarquais qu'elle fut jolie.

Aujourd'hui elle est blonde.

Francky a toujours aimé Johnny.

À la première Harley de l'idole, il s'acheta une Motobécane, et quand Johnny divorça de Sylvie, Francky se maria avec Jocelyne. Il me montra ses tatouages, tous consacrés à l'idole, à l'exception d'un cœur mal dessiné sous lequel était inscrit *À ma mère*, et des trois points sur les osselets de ses doigts signifiant en quelle estime il tenait la police.

Mais ce jour-là dans le T.G.V. pour Poitiers, Francky était en colère. Et même si sa coiffure et son chien évoquaient l'Allemagne, Francky était en colère après les Schleus, comme il disait.

Il m'expliqua la raison de son courroux. L'une de ses chansons préférées de l'idole s'intitulait *Poème sur la 7e Avenue*, et Francky avait appris qu'un groupe allemand avait, je cite, « fait une reprise de cette chanson en classique », ce qui déjà l'irritait passablement, « mais surtout en instrumental », c'est-à-dire en occultant le texte de la chanson, qu'il tenait pour un pur chef-d'œuvre.

Intrigué, dès mon retour à Paris, j'allai chercher à la discothèque de Radio France cette fameuse chanson, *Poème sur la 7e Avenue*. La documentaliste ne trouva pas ce titre mais, me dit-elle, « par contre j'ai *Poème sur la 7e* ».

Je commençai à craindre le pire et j'écoutai la chanson. Dès les premières notes, je compris qu'il ne s'agissait pas de la 7e Avenue, mais de la *7e Symphonie* de Beethoven et que le groupe allemand fustigé par Francky n'était autre que le Philharmonique de Berlin.

Soudain, mon œil fut attiré par un nom sur la pochette... Labro... eh oui... Philippe Labro... Je comprenais l'enthousiasme de Francky, car, pensai-je *in petto*, un homme qui rate le Goncourt de si peu chaque année doit écrire des textes de chansons sublimes.

Alors j'ai lu, et comment vous dire, c'est du brutal !

Je ne résiste pas au plaisir de vous faire partager ce chef-d'œuvre... Voici donc le texte que Philippe Labro fait chanter à Johnny Hallyday sur le mouvement lent de la *7e*...

Attention, accrochez-vous... et surtout bonne chance !

Qui a couru sur cette plage
Elle a dû être très belle

Donc, là on comprend tout de suite, en deux phrases, qu'il s'agit d'une chanson à préoccupation écologique...

Qui a couru sur cette plage
Elle a dû être très belle
Est-ce que son sable était blanc...
Est-ce qu'il y avait des fleurs jeunes...

Oui... là, les fleurs jeunes ça surprend, on se dit il a peut-être voulu dire jaune, ce qui serait déjà affligeant... Mais non, c'est écrit jeune et Hallyday chante jeune... l'idole des jeunes...

Les fleurs jeunes par opposition aux vieilles fleurs... qu'on trouve souvent sur les plages...

Continuons.

Vous m'affirmez
Qu'il y avait du sable
Et de l'herbe
Et des fleurs
Et de l'eau
Et des pierres
Et des arbres
Et des oiseaux
Allons ne vous moquez pas de moi

Bon, là, ne vous méprenez pas, quand Johnny dit « Ne vous moquez pas de moi », c'est pas à cause du texte qu'il vient de chanter...

Vous m'affirmez
Qu'il y avait du sable
Et de l'herbe
Et des fleurs
Et de l'eau
Et des pierres
Et des arbres
Et des oiseaux
Et la tête
Alouette...

Y en a qui comprennent rien à la poésie RTL et qui pourraient ricaner... Heureusement le meilleur est à la fin...

Vraiment, c'est vrai ?

Des pléonasmes, j'en ai entendu souvent dans les chansons, mais celui-ci est magnifique, Labro sent qu'il atteint les sommets, alors, du coup, il nous le répète dans le dernier couplet que voici...

Vraiment, c'est vrai ?
Le sable était blanc
Vraiment, c'est vrai ?
Il y avait des enfants
Vraiment, c'est vrai ?
Il y avait des rivières
Vraiment, c'est vrai
Ça a vraiment existé
Ça a vraiment existé
Vraiment...

Eh bien, je vais vous dire. Oui, vraiment, c'est vrai, une chanson pareille, ça a vraiment existé, ça a vraiment existé, vraiment...

Johnny Hallyday : *Poème sur la 7e.*
Beethoven : *7e Symphonie.*

Melody oubliée

C’était il y a douze ans et Nathalie aussi en avait douze à l’époque. Elle aimait chanter et possédait une jolie voix. Dès son plus jeune âge, ses parents la firent participer à tous les concours de chant et autres crochets régionaux qu’elle remportait brillamment.

Dans la salle à manger du pavillon de banlieue familial, une vitrine renferme encore les nombreux trophées gagnés lors de ces épreuves, essentiellement des coupes de métal argenté d’une laideur remarquable, mais parfaitement en harmonie avec une collection de petites poupées vêtues de costumes folkloriques et une tapisserie murale représentant une biche allant boire dans un sous-bois.

Un jour que Nathalie remportait le concours de chant du bal des pompiers de Villiers-le-Bel, un compositeur de grand talent, puisqu’il avait écrit la chanson : *Si la vie est cadeau*, interprétée par Corinne Hermès lors du Grand Prix de l’Eurovision 1983, ce compositeur, donc, très séduit par la voix de Nathalie, parla d’elle à l’un de ses amis producteurs.

Ce dernier n’était autre qu’Orlando, le frère de la défunte Dalida, ce qui impressionna beaucoup les parents de Nathalie, lorsqu'il vint leur proposer un contrat pour leur fille.

Émus par ce témoignage d'amour filial et par la perspective d'une fortune annoncée, les parents de Nathalie signèrent le contrat.

Il fallait d'abord *La* chanson. Le compositeur de Corinne Hermès écrivit une musique intégralement copiée sur les succès des chanteuses anglo-saxonnes en vogue en ce temps-là. Puis Orlando chercha un auteur susceptible d'écrire un texte sur cette mélodie. On demanda à Didier Barbelivien qui n'était pas encore décédé à l'époque. Trop occupé en raison de l'écriture de l'immortel album *Est-ce que tu viens pour les vacances* de David et Jonathan, il déclina la proposition. D'autres auteurs furent contactés mais Orlando voulait un gimmick, une phrase accrocheuse qu'aucun d'entre eux ne trouva.

On finit par me proposer d'écrire ce texte et l'on m'invita à une réunion de travail où étaient présents Nathalie et sa maman, Orlando, le compositeur de Corinne Hermès et les représentants de la maison de disques Carrère. Lors de cet entretien, tout le monde rêvait. Orlando et les gens de chez Carrère rêvaient de royalties, le compositeur rêvait de droits d'auteur, et Nathalie, elle, rêvait juste de rencontrer Roch Voisine dont elle avait le poster au mur de sa chambre.

En quittant la maison de disques, j'allai prendre un café. Repensant à la scène que je venais de vivre, j'écrivis sur une feuille de papier : « Y a pas que les grands qui rêvent. »

Puis j'appelai le producteur pour lui dire que j'avais trouvé son accroche de texte. Il fut enchanté de cette phrase qui devint le titre et le refrain de la chanson, et il me demanda de mettre du texte autour, avec si possible une image par phrase, mais une image compréhensible par les préadolescents.

Nathalie enregistra la chanson, et, dans la maison de disques, tout le monde comprit qu'on tenait là un succès. On chercha un nom de scène à Nathalie, et Orlando trouva Melody. Elle s'appellerait Melody, et comme il fallait qu'elle soit sexy malgré son jeune âge, on fit appel à un styliste qui souilla ses douze ans en lui faisant porter un boléro laissant apparaître son nombril enfantin.

Le disque sortit enfin et la chanson connut le succès annoncé. Elle resta huit mois dans le Top 50 et on en vendit des centaines de milliers de disques.

Melody devint la coqueluche des radios et des télévisions, mais lorsque je la vis sur mon écran, déguisée en femme, maquillée, avec sa minijupe de satin et son ventre à l'air, la honte me fit rougir et je refusai d'écrire la chanson suivante.

Pendant huit mois, Melody vécut effectivement comme dans un rêve. Lors de son passage dans l'émission dominicale de Jacques Martin, elle rencontra même Roch Voisine. Elle le sentit distant à son égard, mais particulièrement chaleureux avec l'un de ses danseurs.

La chanson suivante ne connut qu'un succès d'estime. Orlando tenta un dernier coup en faisant chanter à Melody un mélo intitulé *Mamie*, censé émouvoir toutes les grand-mères de France. Elles n'avaient sans doute pas branché leur audiozoom de Phonax car la chanson passa inaperçue.

Alors, Melody, redevenue soudain Nathalie comme si minuit avait sonné au bal du show-biz, rentra chez elle, retourna au collège et ne reçut plus jamais la moindre nouvelle de la maison de disques Carrère, ni d'Orlando, frère de Dalida.

Elle a aujourd'hui vingt-quatre ans et vit toujours auprès de ses parents. Dans sa chambre elle a enlevé le poster de Roch Voisine. Car, maintenant qu'elle est grande, Melody ne rêve plus.

Melody : *Y a pas que les grands qui rêvent.*

Marianne et le Yi king

Il y a quelques jours, en sortant de la Maison de la Radio, j'ai aperçu sur le trottoir une femme petite et boulotte, entre deux âges comme on dit par pudeur lorsque l'un de ces deux âges est le troisième. Une décoloration déjà ancienne laissait renaître les racines sombres des cheveux.

Malgré son visage épaissi par l'âge et les excès, quand je croisai son regard où brillait encore une enfance, j'ai reconnu Marianne Faithfull.

Marianne Faithfull, celle que les journalistes du *Figaro* appelaient, à la fin des années 60, l'égérie du swinging London, ou bien la muse des Rolling Stones, ou bien encore la grande prêtresse du sexe, de la drogue et du rock'n roll. Ils ont toujours eu le sens de la formule au *Figaro*.

Marianne Faithfull. Submergé d'émotion et dominé par je ne sais quelle pulsion, je happai sa main au vol, au moment où elle me croisait sur le trottoir, puis je posai mes lèvres sur ladite main en rougissant comme un collégien.

D'abord surprise, elle me sourit, et là, bêtement, pour ne pas qu'elle s'imagine que j'étais un fan quelconque, je crus bon de lui expliquer que je travaillais à Radio France, instaurant un malentendu. Elle crut que j'étais le producteur de l'émission qu'elle venait enregistrer.

Avant que j'aie eu le temps et le courage de rétablir la vérité, elle me dit qu'en raison d'une erreur de sa maison de disques elle avait une heure d'avance. Je m'entendis lui proposer de déjeuner avec moi et elle accepta joyeusement mon invitation.

Il existe en face de la Maison de la Radio un restaurant à la mode, bruyant et prétentieux qui s'appelle le *Zébra*, une espèce de cantine où le petit monde de l'audiovisuel joue la comédie humaine. Des courtisans choisissent leur table en fonction du champ de vision de Jean-Marie Cavada, d'autres éclatent de rire très fort pour montrer à quel point leur audimat est bon, d'autres enfin y amènent avec une fierté non dissimulée leur nouvelle conquête, une gourdasse de vingt ans leur cadette impressionnée par la vision de Julien Courbet devant son tartare.

Je participais évidemment à cette comédie, du style, eh oui, c'est moi, vous avez vu, je déjeune avec Marianne Faithfull.

Lorsque la serveuse nous guida vers une table, nous croisâmes celle de Guy Bedos. Son regard glissa sur Marianne sans la reconnaître, il est vrai que Guy Bedos ne reconnaît que lui-même. À une autre table encore, des animateurs de radio s'alcoolisaient pour se rassurer.

Sur chaque table, des téléphones portables posés sur la nappe, comme un quatrième verre. J'entendis une attachée de presse vulgaire raconter qu'elle avait fait exploser son forfait. Exploser son forfait. Une phrase évidemment freudienne, tant sa vie n'était qu'une suite de forfaits explosés.

La serveuse ne reconnut pas Marianne Faithfull. Lorsque je lui en fis la remarque quelques jours plus tard, elle me répondit : « Ah, pourtant d'habitude je reconnais les vedettes, hier on a eu Loana, je n'ai pas hésité une seconde. »

Une fois assis, nous échangeâmes des banalités. Bien sûr, je brûlais d'envie qu'elle me parle du passé, de sa vie avec Mick Jagger, mais je pensais que c'eût été inconvenant car un souvenir imbécile tournait dans ma tête. J'avais lu à l'époque dans *Rock et Folk*, ou peut-être était-ce *Best*, que, lorsque Marianne fêta ses vingt et un ans, Mick Jagger lui offrit, en guise de cadeau d'anniversaire, l'étreinte de vingt et un garçons.

Comme l'attachée de presse au forfait explosé parlait maintenant de son signe astral, je demandai à Marianne si elle croyait à l'astrologie. Elle entreprit de m'expliquer qu'elle pratiquait le Yi king, une science divinatoire consistant à lancer des pièces de monnaie puis à interpréter la figure géométrique dessinée par la position des pièces sur la table. Devant mon scepticisme, elle me raconta qu'elle avait vu dans le Yi king la mort de Brian Jones, le premier guitariste des Rolling Stones. Le *Livre des transformations*, qui permet d'interpréter la position des pièces de monnaie, avait révélé que Brian Jones plongerait dans des abysses pour y trouver la délivrance de ses tourments.

Mick Jagger ricana de ses prédictions de midinette et, quelques jours plus tard, on retrouva Brian Jones noyé dans sa piscine. Mick Jagger ricanait aussi à chaque fois qu'elle essayait d'arrêter la morphine, il en fit même une chanson qu'elle enregistra. Puis elle cessa de parler du passé, car, me dit-elle, « je déteste l'image que les gens ont de moi, ils me prennent pour une icône alors que je rêvais juste d'être une héroïne de la classe ouvrière ».

Pourtant, le soir même, elle était l'invitée de l'émission « Nulle Part Ailleurs » sur Canal +. Nagui la présenta comme le symbole vivant de l'expression « sexe, drogue and rock'n roll ». Et la petite mémé adipeuse de la mi-journée, redevenue une star en pantalon de cuir et décolleté vertigineux, entra en souriant sous le bruit de l'orchestre et les vivats de spectateurs dont la plupart auraient pu être ses petits-enfants.

Je me demandai alors si le Yi king serait capable de prédire combien de temps une femme détruite avec une enfance au fond des yeux devrait encore jouer cette comédie pathétique.

Marianne Faithfull : album *Broken English*.

II

Lettres matinales

Ces lettres ont été diffusées chaque matin sur France Inter dans le 7-9 de Stéphane Paoli.

31 décembre 2001

Lettre d'adieu à l'année 2001... la salope

Chère Année 2001,

Voici venu le temps des rires et des chants, voici venu le moment de te quitter, et si je voulais marquer ton départ d'une métaphore à la Bernard-Henri Lévy, dont les fulgurances littéraires ressemblent à des pets de l'âme, je dirais « ce soir à minuit, le train de l'histoire quittera le quai tragique de 2001, gare maudite ». (Eh oui, je vous avais prévenu, c'est du B.-H.L.)

Pour être honnête, Chère Année 2001, on est plutôt content de t'abandonner. Parce que, s'il fallait te qualifier, j'emprunterais à la reine d'Angleterre l'inoubliable expression « *annus horribilis* ».

Rappelons qu'en disant ça la Queen ne portait pas un jugement péremptoire sur un détail anatomique du duc d'Édimbourg aperçu sous la douche, le matin même par mégarde, non, par *annus* elle entendait – Francis Blanche aurait dit : Par là, elle entendait pas grand-chose –, non, sérieusement *annus horribilis*, c'est du latin, et ça signifie année de merde.

Je sais bien, Chère Année 2001, que tu as des circonstances atténuantes. Tu es née en même temps que le disque de Philippe Risoli et voir le jour en entendant à la radio *Cuitas les bananas*, c'est un signe funeste du destin, une malédiction, un envol de corbeaux dans le ciel de Delphes.

Mais quand même, avoue que rien ne nous fut épargné. Après Risoli, Arthur nous infligea son Loft ignominieux, François Bayrou se déclara candidat à l'élection présidentielle et le Président se balada la quéquette à l'air sur la terrasse de Brégançon.

Ça restait malgré tout rigolo et anecdotique lorsque survint... le reste... et cette date immonde de l'été indien que je n'arrive même pas à prononcer tant elle me crucifie mais que vous allez entendre sans fin dans toutes les rétrospectives.

Et comme si ça n'était pas suffisant, Odieuse Année 2001, trois semaines plus tard à Toulouse, tu nous faisais la « Totale ».

Va-t'en, mauvaise année, va-t'en rejoindre tes copines, les salopes 1914 et 1939, au Panthéon des désastres. J'entends d'ici Malraux : « Entre ici, 2001, avec ton sinistre cortège de Ben Laden et de mollah Omar... » Au fait, vous avez remarqué, le mollah Omar, on n'en parle plus, à mon avis, ils ont dû le virer de la secte, à cause de son nom, ils lui ont dit : « Excuse-nous, Omar, mais avec le réveillon qui s'annonce, Omar, ça fait pas sérieux, pendant qu'on y est pourquoi pas ayatollah Gambas ou imam Langoustine. » L'autre leur a lancé : « Mais, attendez, à la place de mollah Omar, je peux prendre un pseudonyme, tiens par exemple, qu'est-ce que vous diriez de mollah Crevette rose ? », mais ses potes ont trouvé que Crevette rose ça faisait équivoque et ils ont refusé.

Alors, de la même façon que Pierre Desproges,

le jour où le médecin lui a appris qu'il souffrait d'un cancer, est passé chez son écailler acheter un tourteau, et s'est exclamé en le mangeant : « Un crabe chacun, match nul », ce soir, au réveillon, mangez un homard, un homard à l'américaine, on a les vengeances qu'on peut.

Pour en revenir à toi, 2001, laisse-moi te dire qu'on va d'autant moins te regretter qu'après Frédéric Dard l'an passé, voilà que tu nous as volé Claude Sautet et Philippe Léotard. En 2001, Philippe Léotard est mort et François Léotard arrête la politique. Ça fait au moins une bonne nouvelle.

Voilà pourquoi, Chère Année 2001, ce soir on va fêter ton départ, mais on sait que notre victoire sera amère car, en partant, tu auras laissé au fond de chacun de nous une terrible sensation qui nous vrille les entrailles, comment ça s'appelle déjà... Ah oui : l'angoisse du futur.

Un peu comme si tu nous disais : « Je m'en vais, mais vous connaissez le proverbe, une année de merde de perdue, dix de retrouvées... »

3 janvier 2002

Lettre aux hommes politiques qui offrent des roses à leurs épouses

Messieurs,

Hier *Libération* titrait : « Lionel Jospin a acheté des roses en réponse à Jacques Chirac ». Intrigué par ce titre équivoque, j'imaginais une belle histoire d'amour entre eux, avec ces trucs un peu idiots qu'on fait tous lorsqu'on est amoureux, du genre, si j'arrive au feu avant qu'il passe au rouge, c'est qu'elle m'aime. Là, Chirac se disait : « Si le *Charles-de-Gaulle* ne tombe pas en panne avant ce soir, c'est que Lionel m'aime... et qu'il m'offrira des roses. »

Je vous laisse imaginer ma déception lorsque, poursuivant ma lecture, je constatais que les roses du Premier ministre étaient destinées à son épouse, Mme Agacinski – oui, elle ne veut pas qu'on l'appelle Jospin, pour bien montrer qu'elle est de gauche, libérée et philosophe.

D'ailleurs, elle le répète à longueur d'interviews. « J'ai ma vie, lui c'est lui, moi c'est moi, parce que monsieur est peut-être Premier ministre de la France, mais pour ranger ses slips sales qui traînent sous le lit, là, y a plus personne. »

Et afin qu'il ne subsiste aucune ambiguïté, à chacun de ses passages à la télévision, Mme Agacinski précise qu'elle est là uniquement en qualité de philosophe.

Alors, soit ses travaux philosophiques sont d'une importance considérable, parce que, franchement, des philosophes, on en voit très peu à la télévision, soit elle nous prend un petit peu pour des cons, Sylviane.

Hier, donc, Lionel avait décidé d'acheter un bouquet à Schopenhauer. Et, avec la discrétion, l'émotion et l'intimité qu'un tel geste d'amour réclame, il avait convoqué toutes les télévisions, et ça, franchement, c'est énervant.

On fustige à juste titre les journalistes américains qui n'hésitent pas à évoquer la vie privée des hommes politiques, alors que la presse française est d'une discrétion qui l'honore sur ce sujet.

Le problème, c'est que, depuis quelques années, les hommes politiques livrent eux-mêmes leur vie privée au public. Seulement, il s'agit, bien entendu, d'une vie privée idéale, idyllique, aseptisée. Pour être clair, ils mentent effrontément : aucun homme politique n'a de problème d'alcool, ne trompe sa femme, ne néglige ses enfants et n'est odieux avec sa mère.

On se souvient de l'ineffable épisode des croissants de Laurent Fabius, tiens, lui aussi a offert des roses hier à son épouse, devant les journalistes, eh bien, les plus de vingt ans se souviennent de ce dimanche matin où, en robe de chambre et en mules – pas la bête, Fabius ne fait pas ses courses à dos de baudet, non, je parle des mules, ces chaussons de cuir qui font un bruit insupportable sur les parquets et donnent envie d'égorger le conjoint qui les porte –, ce fameux dimanche, Laurent Fabius, avant son expédition boulangère, avait, au préalable, convoqué la presse, au point que la préfecture de police avait mis en place des barrières métalliques devant le domicile du Premier ministre.

Une qui fut surprise ce jour-là, c'est sa bonne, lorsque Fabius lui déclara : « Bon, Anunciación, aujourd'hui c'est moi qui vais acheter les croissants ! » Je vous laisse imaginer la surprise de l'ancillaire : « Pero, señor, vous né savez pas donde esta la boulanjeria... »

Fabius : « C'est quoi une boulangerie ? »

Dans le genre, plus près du peuple mon Dieu, on se souvient également de l'expédition d'Édouard Balladur dans le métro, et de son commentaire laconique : « Il fait chaud. »

Eh bien, oui, Édouard, il fait chaud dans le métro, au point que, sur le trottoir devant la Maison de la Radio, un S.D.F. dort depuis des mois sur une grille du métro, justement, sans qu'un seul des hommes politiques qui repartent du 7-9 ait jamais fait arrêter son chauffeur pour s'occuper du clochard.

Normal, il n'y a jamais de caméras, rue du Ranelagh.

4 janvier 2002

Lettre au Maître du Monde

Monsieur le Maître du Monde,

Hier matin, à l'excitation et à la nervosité qui régnaient dans ce studio, j'ai senti qu'il allait se passer quelque chose d'exceptionnel. J'attendis, pour questionner François Beaudonnet sur la nervosité ambiante, qu'il lance un sujet sur l'arrivée de l'euro chez un boulanger de Mirnouillet-les-Vierzon, mais à la place on entendit un pédiatre évoquer l'épidémie de bronchiolite chez le nourrisson. Je lui demandai la raison de la fébrilité générale et c'est alors qu'il m'apprit, Monsieur le Maître du Monde, que vous étiez l'invité du 7-9.

Je compris à cet instant pourquoi, dans le couloir qui mène au studio 134, j'avais croisé Jean-Marc Sylvestre qui tapissait le sol de pétales de roses en chantant *Plus près de toi, mon Dieu.*

Jean-Luc Hees, qui d'habitude à cette heure matinale, du fond de son lit, entrouvre un œil torve, met en marche son radio-réveil pour écouter le nom de l'invité, puis se rendort aussitôt non sans avoir humecté sa bouche pâteuse d'un petit bruit insupportable, eh bien, même Jean-Luc Hees était là, derrière la vitre, guettant votre arrivée.

Non, je plaisante, faut pas exagérer. Jean-Luc

Hees était comme d'habitude dans son lit, blotti dans les bras d'une créature interlope. Car il ne se déplace le matin qu'à partir de Maître de l'Univers. La dernière fois où on l'a vu le matin, c'est quand on avait reçu Albator.

Tout à coup, Jean-Marc Sylvestre entra en courant dans le studio en hurlant : « Le voilà, le voilà... Jésus, Marie, Joseph, qu'il est beau », puis il tomba à genoux devant la porte du studio en se signant à plusieurs reprises.

C'est alors, Monsieur Messier, Maître du Monde, que vous fîtes votre entrée.

Et là, autant vous le dire franchement, je fus terriblement déçu.

C'était donc ça le maître du monde, ce petit bonhomme joufflu à la tête de premier de la classe, coiffé comme le journaliste Alain Duhamel, la raie bien dessinée avec le peigne. Ils ne sont plus que deux à porter cette coupe qui fit fureur pendant l'été 1962.

Vous êtes entré dans ce studio, timide et obséquieux, saluant tout le monde d'un mouvement de tête pour ne pas déranger l'antenne, puis, en attendant 8 h 30, vous vous êtes assis sur le canapé, là où généralement Alain Rey qui passe en dernier se gave de viennoiseries en laissant tomber des miettes partout, parce que je vais vous dire, à cet instant, son mot du jour, c'est croissant. Michèle, la gentille Michèle qui nous chouchoute, vous savez, chers auditeurs, lorsque vous entendez le bruit rassurant d'une cuiller contre une tasse, eh bien, c'est Michèle qui pose un café devant nous, lorsque Michèle alla vous servir un thé, vous, le Maître du Monde, vous

vous êtes levé pour lui éviter d'aller jusqu'à vous. Le maître du monde a des manières.

Le maître du monde a des manières, certes, mais on était quand même déçus. Pas de garde du corps, pas de staff de conseillers attachés-cases et têtes à claques, non, rien qu'une assistante, mais la vraie assistante, pas une bimbo siliconée, non, une sérieuse, une rigide, une austère. On lui devinait une grande connivence avec vous, d'un regard, d'un mouvement de paupières, elle orientait vos réponses. Il y avait dans vos échanges de regards des années d'osmose, des années de préparation de conseils d'administration, de réunions d'« executives », de négociations internationales. On sentait qu'elle avait préparé l'émission toute. Elle vous remit, juste au moment où vous alliez vous asseoir, une note de synthèse tenant en un quart de feuille sur lequel étaient inscrites quatre idées-force.

La première ligne disait : « penser à épeler pour convaincre ».

Et de fait, à chacune des questions de François Beaudonnet, vous répondiez en épelant la réponse, du style, oui, o-u-i, jamais, j-a-m-a-i-s. C'était plus une interview, c'était la dictée de Bernard Pivot. Le procédé était tellement lourd qu'Éva Bétan vous le renvoya en pleine figure en épelant à son tour une de ses questions. D'un regard, votre assistante vous invita à cesser d'épeler et à passer à la deuxième ligne de votre pense-bête sur laquelle était noté : « citer des artistes rebelles ou marginaux ». Alors, dans une phrase très appliquée, vous avez affirmé que vous continueriez à produire les films d'Harel et les disques de Zebda et de Noir Désir.

Vous entendre, vous, Messier Maître du Monde,

prononcer le nom du groupe Noir Désir ressemblait à une obscénité. Quant à Zebda, vous pensiez que ça signifiait zone d'équipement, de bureaux et de diverses activités.

Là aussi, comme pour les mots épelés, vous avez répété à plusieurs reprises les noms de ces artistes jusqu'au moment où, d'un battement de paupières, votre assistante vous fit comprendre que ça suffisait.

Sur l'euro, on eut droit à la troisième phrase du petit papier, à savoir : « un café = 1 euro ». Là, c'était pour bien montrer que comme tout le monde vous alliez prendre votre petit noir sur le zinc chez Dédé.

Vint enfin la dernière ligne du petit papier. Le coffre secret. Alors, là, prenant soudain un ton dramatique, façon Comédie-Française, vous avez expliqué que quelque part, dans un coffre, vous aviez laissé le nom de votre successeur au cas où il vous arriverait quelque chose. Et que ce nom était le nom d'un Français. Là, Jean-Marc Sylvestre, qui depuis le début de votre intervention faisait la danse des sept voiles dans le studio, se mit soudain à entamer une vibrante *Marseillaise*.

Et voilà, c'était déjà fini, ces quelques lignes sur un quart de feuille étaient comme un écran de fumée sur le fond, sur cette mort programmée de l'exception culturelle.

Hier, j'ai réalisé que comme les maîtres de l'univers de notre enfance, Musclor ou Albator, Messier Maître du Monde n'est qu'un jouet. Un jouet qui amuse les enfants, pendant que les grands, ceux des conseils d'administration, ceux qui croient que Noir Désir est une marque de café, nous préparent des lendemains qui déchantent.

7 janvier 2002

Lettre à un innocent

Cher Monsieur Pasqua,

Pourquoi le cacher, j'éprouve à votre égard une sorte d'indulgence, un fond de tendresse. Peut-être est-ce votre faconde méridionale qui vous rend sympathique, un peu comme on aimait le bagou de Georges Marchais.

D'ailleurs, à une époque, tous les deux, vous nous jouiez les Don Camillo et Peppone de la politique française et le public adorait ça.

Et puis votre passé de représentant en boisson anisée renforce cette image populaire. Malgré tout ça, depuis trente-cinq ans on vous attaque, on vous accuse, on vous vilipende, bref, on s'acharne sans raison aucune sur votre personne. À chaque fois, vous criez au complot. Eh bien, je vais vous dire, Monsieur Pasqua, vous devez être particulièrement important car jamais je n'ai vu un tel acharnement contre un homme totalement innocent, il va de soi.

Aujourd'hui, vous voilà mêlé à une affaire de blanchiment aggravé, moi je savais même pas que ça existait, le blanchiment aggravé, au début j'ai cru que c'était une pub pour une lessive. Mesdames, la nouvelle formule de Persil sans bouillir contient un nouvel enzyme qui permet un blanchiment aggravé, on dirait un sketch de Coluche.

Là encore, dans la presse, vous avez crié au complot et à l'acharnement contre vous.

Ça fait trente-cinq ans que ça dure, trente-cinq ans qu'on vous accroche de telles casseroles aux fesses que c'est pas chez Ricard que vous deviez être représentant, mais chez Tefal.

Il est temps que le public sache à quel point on vous persécute.

Aussi ai-je décidé de démontrer à la France entière votre intégrité en rappelant la liste non exhaustive des accusations, totalement infondées, il va de soi, qui ont été portées contre vous :

Tout ça a commencé, il y a trente-cinq ans donc, avec vos activités au sein du S.A.C. (Service d'action civique) dont vous étiez un dirigeant. D'aucuns, des médisants sans doute, ont prétendu que le S.A.C. était une officine de barbouzes gaullistes, une honte, un marigot de la République, bref que le S.A.C. était un sac à merde, chargé d'exécuter des opérations douteuses avec des méthodes de gangster. D'après vous, le S.A.C. était une amicale gaulliste, une association à but non lucratif, quasiment un club des chiffres et des lettres, jamais impliqué dans la moindre magouille, c'est tout juste si le S.A.C. n'était pas l'atelier crépon d'Yvonne de Gaulle. Vous avez affirmé que ces accusations étaient un complot des communistes, et vous aviez raison.

En 1967, vous fûtes indirectement mis en cause dans une affaire de trafic d'héroïne, dont on tira le film *French Connection*, sous prétexte que l'inculpé principal était représentant de la maison Ricard au Québec. Et alors, je vois pas le rapport avec vous. Cette fois-là, vous avez affirmé avec véhémence qu'il s'agissait d'un complot des Américains contre la France.

Et puis on vous accusa dans l'affaire Elf d'avoir utilisé 71 fois à des fins privées les avions de la compagnie pétrolière. Et là, je vais vous dire, reprocher d'avoir pris 71 fois l'avion à quelqu'un qui a tant fait pour la promotion des charters vers l'Afrique, c'est dégueulasse.

Puis il y eut le financement illégal de campagne aux européennes de 1999, le vrai faux passeport d'Yves Chalier, l'affaire des H.L.M., l'affaire Schuller et, aujourd'hui, ce détournement d'une partie de la rançon des otages au Liban. Vous affirmez qu'il s'agit d'un complot émanant d'un cabinet noir. Effectivement, ça sent mauvais, mais le mot « noir » est malheureux puisqu'il nous rappelle que vous avez aussi été mis en examen de façon totalement honteuse pour cette histoire de commissions sur les ventes d'armes en Angola ainsi que dans l'affaire du P.M.U. gabonais. L'affaire du P.M.U. gabonais, on dirait du Audiard. « Tiens, il paraît que Dédé est sorti de Centrale, il a tiré huit piges pour l'affaire du P.M.U. gabonais. » À mon avis, cette histoire du P.M.U. gabonais, ça doit être un complot du journal *Bilto*.

Voilà, je pense que j'ai démontré à quel point vous étiez irréprochable, tiens, c'est bien simple, vous me faites penser à un autre gaulliste, un de vos amis, un homme intègre et scrupuleux... comment s'appelle-t-il déjà... ah oui, Patrick Balkany.

Au fait, j'espère que vous n'avez pas passé les fêtes de Noël avec lui, car vous connaissez le proverbe :

Noël avec Balkany, Pasqua en prison.

8 janvier 2002

Lettre à un motard borgne

Monsieur,

Hier, dans un embouteillage, comme je m'écartais pour laisser passer une moto, son conducteur en me doublant me remercia en tendant la jambe. Ce rituel étrange, qui permet par ailleurs au motard de se décontracter l'entrejambe l'espace d'un instant, a remplacé le salut du bras qui les contraignait à conduire d'une main et donc à se planter dans le virage qui suivait.

Au même moment, sur France Info, on annonçait que le mollah Omar s'était échappé à moto. La dépêche précisait même qu'il s'était enfui dans des conditions rocambolesques, et que des témoins affirmaient l'avoir vu passer, le turban flottant au vent ; c'est tout juste s'ils n'ajoutaient pas :

Il portait des culottes, des bottes de moto
Un blouson de cuir noir avec un aigle sur le dos
Sa moto qui partait comme un boulet de canon
Semait la terreur / dans toute la région.

Ce qui est extraordinaire dans cette affaire, c'est qu'on a mis en marche pour arrêter ce type les armées les plus modernes du monde, dotées des moyens les plus sophistiqués qui soient, des trucs à laser et à infrarouges, il paraît même que les satellites espions parviennent à lire des plaques d'immatriculation, et, pendant ce temps-là, l'autre andouille se balade, turban au vent, sur sa mobylette, avec une queue de renard accrochée au guidon et un autocollant Pantashop sur le réservoir.

Cette image du motard Omar, oui, maintenant on peut l'appeler le motard Omar, fait penser à un dessin d'Hergé dans *Tintin au pays de l'or noir*, vous savez, le méchant qui s'échappe dans le désert sur une vieille Motobécane avec les gaz d'échappement représentés par un petit ressort.

Mais une question se pose, quel type de motard est Omar ?

A priori, et pour des raisons évidentes, il ne s'agit pas d'un Hell's Angel bichonnant sa Harley en buvant de la bière et agitant la tête d'avant en arrière sur la musique d'Iron Maiden. Non, ça j'y crois pas.

C'est pas non plus le genre à chouchouter sa Kawasaki 1000, à bricoler des heures dans son garage où il aurait accroché au mur des calendriers avec des filles à poil. Les filles à poil, c'est pas son genre, à Omar, car voici ce qu'il disait des femmes dans l'une de ses rares interviews. Je cite : « De par sa nature même, la femme est un être faible et vulnérable à la tentation. » Et c'est vrai qu'en face d'un type borgne qui ressemble à un Pied Nickelé, et qui vit dans une grotte, les femmes sont vachement tentées.

Mais revenons à sa fuite à Motobécane.

Turban au vent, disent les témoins.

Bon, déjà, on constate que le mollah Omar ne portait pas de casque, bravo l'inconscience. Est-ce que tu te rends compte, Omar, qu'en ne portant pas de casque tu mets en péril ta propre sécurité ?

Laisse-moi te dire que l'accident n'arrive pas qu'aux autres. Imagine que ton turban ait mal été fixé par ton épouse, ben oui, elle voyait difficilement à cause de la burka. Le truc se déroule, se prend dans les roues et tu meurs comme Isadora Duncan. Toi, le chef suprême des talibans, trépassant comme une danseuse occidentale à moitié nue, ça la fout mal. Non, mets un casque, Omar, ça te protégera, ça sera ta carapace de Omar.

En plus, cet œil unique, ça doit te gêner pour conduire, si tu prends un moucheron dans le seul œil valide. D'ailleurs, moi je voudrais bien voir ton permis, Omar, et puis, si ça se trouve, tu roules sans assurance, j'ai appelé la Matmut hier, ils n'ont rien au nom de mollah Omar, certes, il est possible que tu sois assuré chez M.M.A., parce que tu as pas mal d'ennuis en ce moment et qu'avec M.M.A., plus de tracas.

Mais imagine, Omar, que tu te fasses arrêter, bon, on connaît les chefs d'inculpation principaux, mais si on rajoute à ça conduite sans permis et sans assurance, sur une moto dont on se demande si elle t'appartient vraiment, là, tu risques gros.

Finalement, il existe une solution évidente pour stopper le motard Omar. Pas besoin de l'aviation américaine, des commandos anglais, ni du porte-avions *Charles-de-Gaulle.* En plus, un porte-avions pour arrêter une moto, non, virez tout le monde et envoyez là-bas une simple estafette de la gendarmerie française avec deux pandores moustachus à chemisette bleue. Et là, je vous assure qu'avec eux, un type basané sur une moto en turban, prénommé Omar et roulant sans permis et sans assurance, est certain de se faire cueillir au premier carrefour.

14 janvier 2002

Lettre à Jenifer, gagnante de Star Academy

Chère Jenifer,

Tu as remporté samedi soir, sur TF1, la finale de Star Academy. De même que le souvenir le plus littéraire du Loft restera la phrase : « C'est qui qu'a pété ? », dont on ne sait ce qui est le plus admirable, l'audace grammaticale de la forme ou la qualité littéraire du fond, on retiendra de Star Academy cette scène d'anthologie qui fait honneur à la télévision française à laquelle TF1 a cru bon d'ajouter un sous-titre au cas où son sens caché nous échapperait. En bas de l'écran était écrit « Jenifer-Mario, la vie de couple ». On t'y voyait, chère Jenifer, te diriger vers les toilettes et demander à ton conjoint finaliste : « Tu fais caca ?... » Avant que Mario ait eu le loisir de répondre, on te vit pâlir, tu t'écrias : « Ah oui, ça pue », et tu t'enfuis prestement. Oui, pour TF1, la vie de couple, c'est ça, c'est normal puisque TF1 est une télé de... mais je ne vais pas insister sur l'aspect scatologique en ces instants de petit déjeuner...

Donc, Chère Jeny, comme te surnommait le Grec prénommé Nikos, ça ne s'invente pas, qui présentait

Star Academy, tu as gagné, et c'est vrai que ta volonté, ta détermination forcent le respect, puisque tu as un projet, un rêve, contrairement aux glandeurs du Loft qui passaient l'essentiel de leur temps à contempler les poules.

Hier, Jenifer, ton papa a déclaré dans *Le Parisien* : « Avant même de parler, Jenifer suçait déjà... les micros de sa mère qui était chanteuse de bal. » Justement, samedi soir, elle était dans le public, ta maman, vivant ses rêves enfuis par procuration, embijoutée, surmaquillée, chanteuse de bal, quoi. On devinait qu'elle aussi avait dû en sucer des micros, on lui devinait des boules à facettes, des bagarres de fin de bal et des banquettes arrière de R12 sur le parking du *Macumba*.

Permets-moi, Chère Jenifer, de te préciser plusieurs petites choses.

Tout d'abord, contrairement à ce qu'a déclaré le Grec au nom prédestiné, tu n'as absolument pas gagné un million d'euros. La société Universal t'avance cette somme que tu devras rembourser sur les gains éventuels de ton disque. En d'autres mots, samedi soir, tu t'es endettée, et à partir d'aujourd'hui tu dois un million d'euros à Jean-Marie Messier.

Laisse-moi te dire également que les vedettes qui sont venues chanter soi-disant par amour pour Star Academy ont perçu des cachets mirobolants pour acheter leur conscience.

Laisse-moi te dire encore que ta prof de chant, Armande Altaï, avant d'avoir l'air d'être tout droit sortie du film de Patrice Leconte *Ridicule*, vieille marquise poudrée, bouffie, blanchie sous un maquillage borgiesque, fut une chanteuse magnifique, je me souviens l'avoir vue en première partie de Jacques Higelin interpréter des chansons très belles, pas cette bouillie pour chat de Star Academy dont on devine que c'est sa Norwich Union.

Laisse-moi te dire que Séguéla, qui est venu au château, est un vieux has been pathétique qui pour avoir énoncé trois lieux communs a pris ses 15 000 euros, comme les chanteurs.

Laisse-moi te dire enfin qu'on nous avait annoncé que les chansons de ton album seraient écrites par les plus grands. Tu imaginais sans doute Cabrel, Goldman, Souchon, ou des plus jeunes de talent comme Akhenaton. Finalement on nous a appris que ton disque sera composé par des collaborateurs d'Obispo. Donc déjà, Obispo, on voit bien le niveau, mais là, c'est le type qui lui sert le café, un dénommé Kalojéro, qui va écrire les chansons. Ah ! la vache, ils se sont pas foutus de toi. Tu croyais que Kalojéro, c'était le nom d'un poussin triste avec une coquille sur la tête, eh bien, non, c'est le nom d'un compositeur nul avec un pois chiche dans la tête.

Une dernière chose, Jenifer, Universal, c'est Vivendi, Vivendi, c'est Messier, Star Academy, c'est Endémol, Endémol, c'est Arthur, TF1, c'est Mougeotte et Lelay.

Alors, Messier, Arthur, Mougeotte, Lelay, samedi soir sur TF1, c'était pas Star Academy, c'était la soirée des enfoirés.

15 janvier 2002

Lettre à l'anthrax perdu

Je t'écris pour prendre de tes nouvelles, car tu as étrangement disparu. Et pourtant, il y a encore deux mois, on ne parlait que de toi, et tu peux te vanter d'avoir lové au fond de nous une terrible angoisse.

Rien que ton nom faisait peur. Anthrax, on dirait le nom d'un méchant dans un film de science-fiction qui dirait d'une voix métallique : « Je suis Anthrax et je viens détruire la planète. »

C'est vrai, ça sonnait bien comme nom de fin du monde.

Il faut dire que tu intéressais tout le monde, tant qu'on pensait que c'était Ben Laden qui te fabriquait. Oui, parce que des spécialistes venaient à la télé nous montrer sur des cartons des dessins en coupe représentant des villes entières dans le sous-sol afghan, c'était impressionnant, y avait de tout : des H.L.M., des supermarchés Auchan, des pizzérias, un Monsieur Meuble, une Halle aux chaussures, des routes, des avenues, des ronds-points du Général-de-Gaulle et des usines pharmaceutiques où dix mille talibans vêtus de blouses blanches, comme les pseudo-professeurs dans les pubs télé qui viennent nous expliquer où se dépose le tartre que Colgate déloge grâce à sa double action, te fabriquaient à la chaîne.

Vous vous souvenez tous de ces spécialistes venant à la télé nous montrer leurs dessins. Je pense qu'on devrait les chasser après les avoir enduits de goudron et de plumes, parce que, en fait de villes souterraines sophistiquées, on n'a trouvé dans le sous-sol afghan que des grottes dont n'aurait même pas voulu un renard dépressif. Vous avez vu les images : un trou avec trois bougies, une photo de Ben Laden, une boîte vide de raviolis Panzani et deux kalachnikovs rouillées. En réalité, l'arsenal chimique des talibans était constitué d'une fiole provenant d'une boîte de jeu « Le petit chimiste » offerte à Noël au mollah Omar.

Alors, tu nous as moins intéressés, Cher Anthrax. Certes, tu connus un léger regain de popularité lorsqu'on soupçonna Saddam Hussein de te produire, là aussi, des spécialistes expliquaient qu'on aurait vu à Bagdad des scientifiques en blouses blanches, et, là aussi, l'explication est tout autre. Comme vous l'avez sans doute remarqué, Saddam Hussein a la peau grasse. Il souffre tout simplement d'un excès de sébum et a demandé à des spécialistes de chez Kérastase de lui concocter une petite crème de nuit pour résoudre son problème.

Et puis, Cher Anthrax, on t'oublia complètement lorsque les Américains comprirent qu'à la place d'un individu de type méditerranéen comme disent les rapports de police, tu étais l'œuvre d'un facho américain du genre enclume dans la mâchoire comme celui qui avait fait sauter l'immeuble d'Oklahoma City.

Depuis ce jour, les Américains ne parlent plus de toi, tu ne leur sers plus à rien puisque tu ne justifies aucune expédition punitive.

Et à la réunion annuelle des bacilles, virus, microbes et autres épidémies épouvantables propagées par l'homme, tu t'es fait sévèrement chambrer.

Oui, parce que, à chaque congrès des bacilles, chacun vient au micro raconter ses succès, bon, le roi, le plus applaudi, c'est le HIV, il fait un triomphe en Afrique ; au dernier congrès, la tuberculose fut également beaucoup applaudie pour son retour triomphal dans les pays de l'Est, et l'Ebola, aussi, qui revient bien en Afrique, celui-là il est très confiant, il a fait un beau discours en expliquant qu'il comptait bien conquérir l'Europe.

Mais toi, mon pauvre Anthrax. Quand tu as pris le micro pour annoncer ton bilan. Deux morts. Un vieux journaliste asthmatique et une mamy affaiblie qui s'était cassé le col du fémur deux jours plus tôt, tous les autres bacilles se sont foutus de toi.

Tu as eu beau leur dire : « Mais souvenez-vous, le président Bush fut obligé de déclarer officiellement qu'il ne souffrait pas de ma maladie. »

Alors ils se sont moqués de toi, ils ont regardé les images du président Bush arrivant hier, la joue tuméfiée, et ils ont fait un triomphe à un bretzel.

Voilà pourquoi je voudrais qu'aujourd'hui on ait une pensée pour toi, mon ami l'Anthrax, qui devais détruire la planète et viens de te faire humilier par un gâteau apéritif.

16 janvier 2002

Lettre à Marcel

Cher Monsieur Patrick Devedjian...

À cet instant, le président Cavada, qui vient d'ouvrir un œil dans les bras d'une créature fellinienne aux seins adipeux et met en marche son radio-réveil juste pour savoir à qui j'écris et s'il recevra des coups de fil réprobateurs aujourd'hui – à cet instant, donc, en entendant que j'allais écrire à M. Devedjian, Jean-Marie Cavada s'est saisi prestement d'un crucifix, d'une gousse d'ail et d'une patte de lapin qu'il brandit au-dessus de son transistor, eh bien..., non, Président, rassurez-vous, je n'écrirai pas à Devedjian, car, ce matin, je suis trop énervé et j'emploierais des mots qui ne lui conviennent pas, des trucs comme la honte de la démocratie, et ça serait injuste... Non, rendormez-vous entre les deux seins laiteux de Mado la Nantaise, Monsieur le Président, aujourd'hui j'écris à Marcel Campion, propriétaire de la grande roue de la place de la Concorde.

Cher Monsieur Campion,

Autant vous le dire tout de suite, je ne vous aime pas. Oh, ce n'est pas parce que vous avez l'air d'un vendeur de voitures maquillées, comme dans la pub où le type qui attend l'acheteur déplace le véhicule parce qu'il se forme une mare d'huile en dessous, non, bien que, comme disait je ne sais plus qui, à partir d'un certain âge, on ait la tête de ce qu'on est, regardez Devedjian, non, non, Président, rendormez-vous, c'est pour rire.

Je ne vous aime pas, Monsieur Campion, parce qu'en passant devant la grande roue j'y ai vu accrochée cette banderole sur laquelle vous avez écrit : « 2002 contre le cancer », phrase grossièrement démago laissant entendre que, si en 2002 on démonte votre roue, ceux qui le feront sont pour le cancer.

Monsieur Campion, tout le monde sait que vous n'en avez rien à foutre des cancéreux, d'autant que vous souffrez d'une autre maladie, grave certes, une pathologie qui attaque l'appareil uro-génital, un durcissement des testicules accompagné d'un jaunissement, qu'on appelle des couilles en or. Eh oui, vous souffrez de cette maladie, Monsieur Campion, et c'est une maladie professionnelle, puisque c'est la grande roue la cause de vos couilles en or.

C'est votre amiante à vous en quelque sorte.

Au nom de cette maladie, vous prenez en otages les enfants, le cancer, le sida, et là, je vais employer le mot que j'avais prévu pour celui à qui je n'écris pas aujourd'hui, vous êtes un bel enfoiré.

En plus, moi je suis plutôt pour la grande roue. Parce que ça fait rêver les mômes, et puis parce que ceux qui sont contre, au nom de l'esthétisme, sont les mêmes qui font la dictée de Pivot, qui vous racontent la dernière exposition du Moma ou qui adorent Pierre Boulez.

Moi, j'aime l'odeur des fêtes foraines, des frites et de la barbe à papa, je tiens ça d'Argenteuil sûrement, quand chaque année la fête revenait dans l'île et où les filles maquillées riaient trop fort près des autos tamponneuses. Avec la musique à fond et les annonces des forains dans leurs micros pleins de réverb.

Et puis les manèges, je courais pour m'installer au volant du camion de pompiers que je tournais dans le vide, mais pourtant j'étais sûr que c'était moi qui faisais tourner le manège. Et la queue du Mickey, qu'on croyait attraper à chaque passage et que la dame de la caisse levait au dernier moment.

Je suis pour la grande roue afin que les amoureux puissent se sentir les rois de Paris l'espace d'un instant, bon, moi, le jour où je suis allé dans la grande roue, c'était moins romantique, puisque j'ai partagé ma nacelle avec des Hollandais en short et sac à dos, qui bouffaient des cheeseburgers et buvaient des Coca en faisant des bruits avec leur paille dans les gobelets en carton. Mais peu importe. Je suis pour la grande roue, mais je suis contre vous, Monsieur Marcel, qui squattez le domaine public, c'est-à-dire chez moi, et qui ne respectez pas le contrat que vous avez signé. Vous paillotisez la Concorde, vous crozemariez le cancer et vous appelez à la rescousse des beaufs moustachus qui balancent des œufs à Dan Bollander de l'équipe de Ruquier qui venait faire semblant de vous expulser, c'est dire s'ils sont cons vos nervis, parce que Dan Bollander, tout le monde le reconnaît, ce type se déguise avec des lunettes et les moustaches en dessous, le truc qu'on achète dans un magasin de farces et attrapes.

Alors, tu l'as compris, mon Cher Marcel, tu me soûles. Marcel, tu me fais tourner la tête, mais mon manège à moi, c'est pas toi.

17 janvier 2002

Lettre à Guantanamo

Chère Guantanamo,

Ton nom exotique évoque une vieille chanson de Joe Dassin ou des Machucambos, on imagine une plage bordée de cocotiers, des cocktails de jus de fruits avec des rondelles d'orange sur le verre et une petite ombrelle en papier, et Émilie Flahaut passant sur la plage comme dans la chanson de Patrick Coutin, *J'aime regarder les filles...*

La réalité est quelque peu différente, Chère Guantanamo, puisqu'on a appris que tu es une base américaine en territoire cubain, surréalisme de la géopolitique.

Chez toi, les seuls cris qu'on entende sont ceux de mecs rasés, une enclume dans la mâchoire, oui, je sais, j'ai déjà utilisé cette métaphore il y a trois jours, mais elle me plaît. Des marines donc, une enclume dans la mâchoire et qui hurlent : Sir, yes, sir, à un autre mec rasé portant des Ray-Ban pour montrer qu'il est le chef.

Il est à noter qu'une scène identique s'est déroulée avant-hier dans nos murs lorsque le président Cavada, ayant pris connaissance des derniers sondages de France Inter, convoqua Jean-Luc Hees dans son bureau et, chaussant ses Ray-Ban, lui demanda :

— Tu sais qu'on a perdu un point d'audience.
— Sir, yes, sir.
— Tu sais que ça me contrarie énormément.
— Sir, yes, sir.
— Tu sais que c'est ta vie que tu joues.
— Sir, yes, sir.
— Alors tu vas chanter.
— Sir, yes, sir...

Et on vit le président faire tourner Jean-Luc Hees dans les couloirs de la Maison de la Radio, en marchant au pas et en lui faisant chanter après lui...

— On va niquer Europe 1.
(Jean-Luc Hees répétait.)
— *(On va niquer Europe 1.)*
— RTL et tout l'tintouin.
— *(RTL et tout l'tintouin.)*
après ça continue...
— On va virer de Rincquesen..., etc.

Tout ça pour expliquer aux auditeurs, Chère Guantanamo, que, chez toi, y a du soleil mais pas d'nanas. D'ailleurs sur les rares images qu'on voit de toi, y a même pas de soleil, puisque c'est filmé la nuit avec une caméra infrarouge. Et sur ces rares images verdâtres, on aperçoit des types au visage recouvert d'une cagoule descendre d'un avion pour être enfermés dans des cages.

Qui sont ces types ? On ne sait pas. Ce ne sont pas des prisonniers de guerre, nous dit-on. Ah bon, mais on nous avait annoncé qu'on était en guerre... non, non... bon, alors ce sont des terroristes qui doivent être jugés par un tribunal civil... non, non... ah bon...

Et comment ça s'appelle, déjà, quand on détient des gens qui ne seront jugés ni par un tribunal civil, ni par un tribunal militaire, et qu'on enferme dans une cage clandestinement ?

... Des otages ?... non... pas l'Amérique quand même.

Je ne suis pas angélique, comme disent les crypto-réactionnaires, vous savez, cette phrase terrible : « Il faut cesser de faire de l'angélisme », je ne suis pas angélique, je sais que tes prisonniers, Guantanamo, sont des... je ne sais pas ce qu'ils sont... de pauvres abrutis illuminés peut-être... d'ailleurs, on aimerait bien savoir ce qu'ils sont. On ne saura pas.

Même Klaus Barbie a eu droit à un procès. C'est l'honneur de la démocratie. Et voilà l'Amérique pour qui on éprouvait de la compassion qui emploie à son tour des méthodes terroristes.

Au fait, c'est quoi le contraire de l'angélisme... le diabolisme ?... Faudra demander à Alain Rey.

18 janvier 2002

Lettre à un ordinateur d'occasion

J'ai lu aujourd'hui dans *Libé* qu'un journaliste américain en mission en Afghanistan, dont l'ordinateur portable était hors d'usage, en a racheté un chez un vendeur de matériel informatique d'occasion à Kaboul, et, comme l'autre lui a fait un prix intéressant, il en a pris deux. Et l'un des deux semble avoir appartenu au mollah Omar. En ce qui concerne le second, on a des doutes, puisqu'on y découvre la recette des côtes de porc charcutières et l'intégrale des chansons d'Yves Duteil.

Les experts américains ont fait parler l'autre ordinateur.

L'article précise qu'il a fallu cinq jours à la C.I.A. pour en trouver le code d'accès. Finalement, un ingénieur a eu une idée. Il s'est dit : les types d'Al-Qaida sont des malades mentaux, cherchons une phrase qui puisse leur plaire, il a tapé sur le clavier : « Bonsoir, c'est Macha », aussitôt sur l'écran s'est affiché : « Correct ». Oui, parce que les talibans adorent également le maillon faible, d'ailleurs ils prévoyaient d'en faire une version afghane, où Boccolini lapiderait les candidats perdants.

Donc, Cher Ordinateur, ton disque dur a parlé, et en voici le contenu :

Tout d'abord le fond d'écran. L'image qui apparaît lorsque l'ordinateur se met en veille. Ça situe bien la personnalité de son propriétaire. Par exemple, sur son ordinateur personnel, le président Cavada a mis en fond d'écran une photo d'Hélène Cardin nue, prise lors d'un congrès médical où, après avoir abusé du génépi et s'être totalement déshabillée, elle twistait sur la table.

Eh bien, là, le fond d'écran représentait Pamela Anderson... en burka. Oui, parce qu'il faut savoir que, pour ces types-là, c'est l'inverse de nous. Lors de certaines soirées, un peu spéciales, avec Ben Laden, quand ils ont fumé un peu trop d'herbes locales, ils vont surfer sur Internet, plus précisément sur un site de cul intégriste, qui s'appelle « Ta vedette préférée en tchador ». Au départ, on y voit des stars de cinéma à poil, là, évidemment, ça ne leur fait rien, et peu à peu l'internaute peut les recouvrir d'un tchador, et, à la fin, lorsqu'elles sont complètement recouvertes, Omar et Benny Hill sont en érection et commencent à se masturber de conserve.

Ah oui, j'ai oublié de vous dire, Benny Hill, c'est un diminutif dont le mollah Omar a affublé Ben Laden, Benny, diminutif de Ben, et Hill parce qu'il vivait dans sa grotte dans une colline.

Ensuite, parmi les fichiers de traitement de texte, les Américains ont découvert un extrait du journal intime du mollah Omar. On peut y lire au hasard :

Lundi 8 décembre. Ai lu le dernier livre d'Yves Simon. Penser à lui couper les mains pour pas qu'il en écrive un autre.

Mardi 9 décembre. Ai écouté le dernier disque de Maurane. Penser à la lapider.

Jeudi 10 décembre. Ai regardé les émissions économiques de LCI. Penser à lancer une fatwa contre Jean-Marc Sylvestre.

Et enfin, vendredi 11 décembre. Les bombardements se rapprochent, penser à faire réparer la mobylette.

Et puis, Cher Ordinateur, ton disque dur contenait aussi les séquences vidéo du bêtisier d'Al-Qaida, avec notamment des prises ratées lors de l'enregistrement de la fameuse vidéo, vous vous souvenez, devant la grotte avec le trou du petit loir dans la roche, et, dans ce bêtisier, on s'aperçoit qu'avant d'arriver au film, qu'ils ont remis à la chaîne Al-Jezira, ils ont eu du mal.

Sur ces images on voit les chefs devant la grotte, on entend le cadreur dire : « Les chefs d'Al-Qaida devant la grotte, prise 1...

« Stop, on la refait : Omar, ta braguette, s'il te plaît... tu pourrais faire attention, merde...

« Les chefs d'Al-Qaida devant la grotte, prise 2. »

Et là, on les voit pris d'un fou rire.

Le réalisateur en colère : « Bon, qu'est-ce qu'il y a encore ? »

Ben Laden : « C'est pas moi, Mouloud, c'est Omar qui dit des conneries... Il m'a soufflé à l'oreille : Bayrou est candidat... Arrête tes conneries, Omar. »

Le réalisateur : « Bon, ça y est, vous avez bien ri... Allez, ça tourne... Les chefs d'Al-Qaida... Bon, les slips qui sèchent au soleil sur la roche, je suis pas sûr que ça le fasse, mettez plutôt une kalachnikov... Bon, allez, les enfants, on se concentre, prise 3. »

Ben Laden : « Il faut que les Américains sachent... Ah non, Omar, t'es pas drôle. » Il faut dire que l'autre lui faisait des oreilles de lapin...

Omar : « Mais si, ça va faire marrer les Américains, ils ont besoin de se détendre un peu, ces gens-là. »

Il y avait une autre version, qui est celle que nous connaissons où ils sont assis en tailleur avec la kalachnikov, mais où, à la fin, le mollah Omar avait rajouté : « Une dernière chose, je vends une mobylette bleue de marque Flandria, peu utilisée. » Et là, on entend nettement Ben Laden lui dire : « Tu devrais la garder, Omar, ça peut toujours servir. »

22 janvier 2002

Lettre à la caillera

Vous vous souvenez sans doute de cette pub télé pour une banque, il y a quelques années, où l'on voyait un type d'âge mûr marcher dans la rue pendant qu'une voix off demandait : Qui est cette personne ? Une autre voix off répondait : C'est le banquier, il se dit qu'il fait beau et que c'est une belle journée qui commence... Ensuite, on voyait un autre type, et ça recommençait, lui, comme c'était le client de la banque, il était plus jeune, prenait son temps et traversait par le parc, une feignasse, quoi, alors que le banquier était déjà à son boulot.

En ce moment, j'ai l'impression de vivre cette publicité.

Hier matin, comme chaque jour, en venant à la Maison de la Radio, je suis passé à Colombes devant une cité où veille un jeune homme. Qui est ce jeune homme ? demande la voix off. C'est un sauvageon, que les ados appellent une caillera (verlan de racaille), posté en guetteur devant un hall d'immeuble... Ce matin, comme chaque jour, la caillera était présente, vêtue de la même parka beige que sur un récent reportage de TF1, vigie pathétique et angoissante d'un hall de cité H.L.M. des Hauts-de-Seine.

Hier matin, en première page des journaux, on voyait un homme en maillot de bain. Qui est cet homme ? demande la voix off. C'est une caillera lui aussi. Lui aussi vient des cités H.L.M. des Hauts-de-Seine. Mais il n'y a jamais vécu. Il en était directeur avec une autre caillera, M. Balkany.

La caillera sur la photo du journal ressemble à Jacques Chirac à Brégançon. Le même bermuda noir, les mêmes rares cheveux coiffés en arrière et noircis au Baranne, le même corps avachi aux membres trop maigres mais, sur la photo, on ne voit pas si la caillera a gardé ses socquettes en coton.

Rappelons pourquoi le monsieur de la photo est une caillera. En décembre 1994, le juge Halphen, soupçonnant des magouilles dans les factures des H.L.M. des Hauts-de-Seine, perquisitionne chez le monsieur de la photo, qui s'enfuit après une grossière tentative de manipulation sur le beau-père du juge. On le dit en Israël, mais, trois ans plus tard, *Le Nouvel Obs* le retrouve aux Bahamas avec un train de vie somptueux.

M. Devedjian a déclaré la semaine dernière que le départ du juge Halphen était l'échec d'un homme. Ce sont des paroles de caillera. Et la cavale impunie de Schuller, c'est l'échec de qui, monsieur Devedjian ?

Aujourd'hui, ce type soi-disant recherché par toutes les polices vit comme un prince à Saint-Domingue dans une résidence pour milliardaire avec casino, gardée par des vigiles où, nous dit-on, la police locale n'entre pas.

Dans la résidence H.L.M. de Colombes non plus la police locale n'entre pas. Là aussi, l'entrée est gardée jour et nuit par le vigile dont je vous parlais au début. À Colombes aussi y a un casino. Un magasin Casino où des enfants qui volent se retrouvent chez les flics.

La caillera de Saint-Domingue ne s'est jamais retrouvée chez les flics. C'est un ami proche du consul des États-Unis. Ils ont suivi ensemble sur CNN, cigare au bec, cognac à la main, les opérations américaines en Afghanistan.

La caillera de Colombes a écrit sur les murs du hall, au-dessus des poussettes : Vive Ben Laden. Chaque racaille a son camp. On comprend un peu mieux pourquoi.

La campagne présidentielle qui s'annonce parlera essentiellement d'insécurité. Et c'est normal. Car nous, qui partons travailler en passant devant la caillera de Colombes en parka, puis qui lisons dans le journal l'histoire de la caillera de Saint-Domingue en maillot de bain, on ne se sent vraiment pas en sécurité, avec tout ce qui se passe dans les H.L.M.

23 janvier 2002

Lettre à un jeune madeliniste

Je m'adresse à toi ce matin, car trop c'est trop. Tout d'abord, que les choses soient claires. Je ne suis pas un partisan inconditionnel de la tolérance zéro, mais là, Jeune, tu vas trop loin.

Oh, je sais bien que la jeunesse est l'âge de toutes les révoltes, de tous les anticonformismes, mais est-ce que tu as pensé à tes parents lorsque tu rentreras ce soir en annonçant : « Je suis un jeune madeliniste » ?...

En ce moment les auditeurs doivent se dire : « Bon, Carlier a raison, c'est terrifiant d'être jeune madeliniste, mais ils ne sont pas nombreux, ne paniquons pas les foules. »

Eh bien, justement, le danger est là. Il suffit de quelques jeunes délinquants pour mettre dans l'angoisse tout un quartier. D'ailleurs, vous le savez bien, lorsqu'on rentre tard la nuit et que, sous la lueur blafarde d'un réverbère, on croise de jeunes madelinistes, on ne peut pas s'empêcher d'avoir peur. Et c'est vrai qu'ils sont effrayants. Tout d'abord, leur tenue. Ces blazers bleus avec un écusson doré, ce pantalon en flanelle grise sur des mocassins à pompons, et la cravate club avec le petit golfeur imprimé, c'est abominable, je sais, mais c'est parce que nous, les adultes, nous ne pouvons comprendre le code vestimentaire des jeunes madelinistes. Et ce langage. Dès que vous passez à leur hauteur, les insultes commencent. L'invective la plus courante que profère un jeune madeliniste est – excusez-moi de dire un gros mot pendant que vous prenez votre petit-déjeuner –, ce mot dégradant qu'ils vous balancent à la face, c'est : « mondialisation ». Mondialisation ça veut dire « fuck you » en langage madeliniste, un jour, moi – c'est à peine si j'ose le dire –, y en a un qui m'a aboyé « cash-flow » au visage, avec un faciès déformé par un rictus de haine. Bon, comme je sais que, dans ces cas-là, il ne faut pas répliquer, j'ai continué mon chemin en faisant celui qui n'entendait pas, mais évidemment ça a encouragé les autres et ça a été terrible, je me suis fait traiter de « résultat d'exploitation », de « stock-option », d'« indice Nasdaq » et on a même hurlé à ma compagne terrifiée : « répartition des dividendes ».

Mais ces mots-là, ces mots odieux, ils ne les ont pas appris tout seuls. Certains adultes ne font pas attention à leur langage, et là je voudrais m'adresser à un certain Jean-Pierre Gaillard qui, toute la journée, assène aux jeunes madelinistes : « Ici Jean-Pierre Gaillard à la Bourse de Paris, le CAC 40 est en hausse. » Des mots pareils, croyez-moi, ça vous pervertit une jeunesse. Car le jeune madeliniste a ses icônes. Parfois le soir, il s'enferme dans sa chambre et découvre le plaisir solitaire, devant un film porno, ça s'appelle « Le club de l'entreprise de TF1 » animé par Jean-Marc Sylvestre, et le jeune madeliniste parvient à l'orgasme au moment où le chef d'entreprise éjacule son résultat d'exploitation au visage d'un Jean-Marc Sylvestre qui murmure : « Ah oui, c'est bon, encore... »

Hier soir, Jeune Madeliniste, tu es sorti puisque avait lieu la Madelin Pride au Rex. Il faut dire que l'affiche était alléchante. Il était écrit : « Le temps fort de la rentrée politique, le grand meeting d'Alain Madelin... au cinéma le Rex... »

Bon, là déjà, le Rex ça le fait pas, lui il voulait Bercy, mais son conseiller lui a dit : « On remplira deux rangs, vaut mieux être modeste. – Ah bon, tant piiiee, allons au Zénith. » Son conseiller : « Ah ben non, là non plus on remplira pas. – Bon, alors l'Olympiaille. – Non, non. – Bon, alors le Rex. » Et encore, il a été obligé d'affréter des cars dans toute la France, sinon le temps fort de la rentrée politique, il aurait eu lieu à la pizzéria *Chez Peppo*, avec les petites ampoules de couleur et la sangria gratuite à l'apéritif.

Mais pour en revenir à la rave-party du Rex, hier soir, j'accuse le gourou, le mandarom Madelin, d'avoir sciemment distribué des substances dangereuses, notamment de l'ecstasy. L'ecstasy pour un jeune madeliniste, c'est une réduction d'effectif. Mais c'était pas d'la bonne qui circulait. Elle était coupée avec de la délocalisation. Notre envoyée spéciale, Hélène Jouan, a vu des scènes terribles, de jeunes madelinistes écroulés dans les toilettes après avoir sniffé des plans de licenciement de mauvaise qualité, y avait du Valéo, du Seb et même du Moulinex. Alors, Jeune Madeliniste, il est temps de te ressaisir, car si tu continues, tu seras entraîné dans l'inexorable spirale de la déchéance, et tu finiras au fond du gouffre, hagard, à traîner avec Christine Boutin.

24 janvier 2002

Lettre d'anniversaire au 24 janvier 1981

Cher 24 Janvier 1981,

Tu as vingt et un ans aujourd'hui. Vingt et un ans, c'était l'âge de la majorité, il n'y a pas si longtemps. Et c'est vrai que tu as bien grandi.

Les deux événements majeurs du jour de ta naissance, Cher 24 Janvier 1981, furent la première diffusion du feuilleton *Dallas*, et la nomination de Lionel Jospin au poste de premier secrétaire du parti socialiste qui ressemblait à l'époque à *Dallas*.

C'est que ces deux événements furent le début de tels bouleversements que je pense qu'il est bon de faire le bilan de ta vie.

Tout d'abord *Dallas*. C'était le premier feuilleton de télé-réalité, avec un personnage odieux, J.R., patron cynique, amateur de bourbon et coureur invétéré, avec Sue Hellen, alcoolique et déprimée, avec aussi les deux petits vieux, les parents Ewing, et le couple de héros jeunes et beaux, Pamela et Bobby.

Depuis, la télévision n'a cessé de reproduire ce stéréotype. Aujourd'hui, dans les émissions de télé-réalité scénarisées du type Loft Story ou Star Academy, les auteurs écrivent des situations inspirées de *Dallas*. Aujourd'hui, Sue Hellen s'appelle Loana et J.R., c'est Jean-Édouard.

Tu as bien mal grandi, mon cher 24 Janvier.

Remarquez, nous aussi, ici même au 7-9 de France Inter, nous avons reproduit cette situation. Au lieu de J.R., nous avons J.-L., Jean-Luc, patron impitoyable, qui joue avec les nerfs des hommes, le corps des femmes et les verres de bourbon, nous avons aussi notre Sue Hellen, Sue Hellen Cardin, nous avons nos vieux parents attachants, Macha Béranger et José Artur, et notre couple de héros beaux et gentils, Stéphane Paoli et Émilie Flahaut.

Mais revenons à la naissance de *Dallas*. Ce ne fut pas seulement le premier feuilleton mondialiste, ce fut également le début du cynisme à la télévision. Je me souviens qu'il y avait eu un débat pour ou contre *Dallas*, comme il y eut, il y a quelques mois, un débat pour ou contre le Loft, et, dans les deux cas, on s'aperçut que cette polémique orchestrée par les producteurs a fait de ce qui n'était, au départ, qu'un produit médiocre un phénomène de société.

Le deuxième événement de ta naissance, Cher 24 Janvier 1981, c'est l'accession de Lionel Jospin à ses premières responsabilités politiques. C'était l'époque des utopies, où l'on pensait changer la vie, réduire les inégalités, pas toucher à mon pote et toutes ces choses qui nous faisaient rêver.

Là aussi, mon cher 24 Janvier, tu as bien mal grandi. On s'est aperçu que ceux qui nous faisaient rêver entretenaient des putes de luxe et s'achetaient des pompes à 12 000, ou bien consultaient des astrologues, et aujourd'hui Lionel Jospin devenu Premier ministre, content de lui, regarde sans la moindre émotion les inégalités s'accentuer, les voitures brûler dans les cités, et ceux qui nous sauvent la vie gagner moins que des plombiers.

Aujourd'hui, Cher 24 Janvier, tu as vingt et un ans. Pour ton anniversaire, je te souhaite de devenir adulte, et d'apprendre enfin le respect et la tolérance.

Car il faut être tolérant, même avec Jean-Marc Sylvestre. À ce propos, je crois qu'il est bon de préciser que mes saillies, si j'ose dire, envers Jean-Marc Sylvestre ne sont que des blagues de potache, que Sue Hellen Cardin est une femme formidable, et que Jean-Luc Hees n'est pas... euh, passons. Une seule chose est vraie, dans ce que je vous raconte sur notre petit monde, c'est qu'Alain Rey se gave de viennoiseries au point que cela crée parfois des conflits avec nos invités. Comme le jour où Élisabeth Guigou était dans le studio et qu'il ne restait qu'un croissant. Eh bien, au moment où la ministre tendait la main vers cette ultime viennoiserie, Alain Rey, avec une vitesse stupéfiante pour un homme de son âge, subtilisa le croissant un peu comme ces types dans les campings, l'été, qui attrapent les mouches qui rôdent près de leur verre de pastis. Vous savez, ils rouvrent la main, et la mouche est dedans, eh bien, là, le croissant était dans la main d'Alain Rey.

D'ailleurs dans *La Légende des siècles*, Victor Hugo n'a-t-il pas écrit : « Le croissant était dans la main et regardait Alain » ?

En tout cas, aujourd'hui, Cher 24 Janvier, les toubibs sont dans la rue et regardent Jospin. Bon anniversaire, Monsieur le Premier ministre.

28 janvier 2002

Lettre au *Figaro*

Pourquoi le cacher, Cher Journal, je t'aime.

Chacun a sa façon de lire un journal. Moi, dès que je t'achète, je me précipite sur le dessin de Jacques Faizant. Quel régal, toujours irrésistible, toujours impertinent, et ce trait de caricaturiste ! Le nez pointu, c'est Chirac, le frisé, c'est Jospin et, pour les autres, comme il ne sait pas les dessiner, Jacques Faizant leur fait tenir un cartable sur lequel figure leur nom. Et puis, il y a les personnages annexes, un peu comme la coccinelle de Gotlib, là, c'est une petite bonne femme qui symbolise la République qui se demande toujours où l'emmènent les socialistes, et un chat dans un coin, qui balance des réflexions réactionnaires.

Quand j'ai dégusté ce chef-d'œuvre, je me précipite sur le carnet du jour.

Depuis que je fréquente mon ami Stéphane Bern, j'ai appris à déchiffrer le non-dit des annonces. Prenons, par exemple, *Le Figaro* de samedi dernier. Ça commence évidemment par les naissances. Alors nous avons le baron Sten Beckfriis et la baronne, ça c'est écrit en gros, et, en tout petit à côté de la baronne, ils ont rajouté : née Virginie Hardy, et, là, on sent que la Virginie Hardy, elle a eu du mal à passer dans la famille, on devine la tante sévère, dans son château glacial, tançant le jeune baron d'importance : Mon jeune ami, lorsqu'on est un Sten Beckfriis, on n'épouse pas une chanteuse de twist. Oui, parce qu'elle croyait que c'était Françoise Hardy. Donc, dans l'avis de naissance du *Figaro*, la baronne est écrit en caractères gras police 14, et née Virginie Hardy, en minuscules. Dieu merci, l'avis précise qu'elle a donné un enfant de sexe masculin à monsieur le Baron. Ah ben, on est rassuré, il n'aurait plus manqué que la roturière lui donne une fille. Devinez comment monsieur le Baron a prénommé son fils. Archibald.

Alors, mon petit Archibald, laisse-moi te dire que tu te prépares une scolarité difficile. Et la puberté... Comment peut-on dire à un Archibald qu'on l'aime ?... Comment une femme peut-elle faire l'amour à un Archibald ? « Oh, Archibald, toi, toi, ton corps, ton sexe... », non, phonétiquement c'est impossible.

Puis il y a les annonces de fiançailles. Alors là, j'ai découvert une chose incroyable, dans *Le Figaro*, les morts passent des annonces. Madame la Comtesse Machin en communion avec monsieur le Comte annonce les fiançailles de leur fille. Ça veut dire que le comte est mort mais que la comtesse a fait tourner la table, l'autre lui a demandé : « C'est pas une Virginie Hardy au moins ? », la comtesse : « Non, c'est la fille de Hubert Le Harivel de Gonneville et de Armelle de Moncut de Boiscouillé... » Monsieur le Comte était d'accord, il a frappé un coup bref, et il est parti. Madame la Comtesse a donné son accord en communion après un coup bref de son mari.

Et puis, il y a les avis de décès. Et là, je voudrais

m'adresser aux familles Guellier, Sicard et Rouget, qui ont tenu à nous faire partager leur émotion, que je respecte, suite au décès de leur proche, Pierre Guellier en lui rendant l'hommage suivant : Président de la Franco-européenne du meuble ; Monsieur Meuble en 1971 et 1986 – qu'est-ce que c'est que ça, Monsieur Meuble, une élection du plus bel ébéniste patronnée par Mme de Fontenay ; Président de la foire-exposition de Saint-Nazaire ; Président du groupement Cavavin – ça ils auraient pu éviter ; Vice-Président de la Chambre de commerce et d'industrie ; Délégué général du président de la Chambre de commerce et d'industrie – là on sent qu'à chaque fois la présidence lui a échappé ; Président d'Imatlantique et conciliateur de justice.

Cet avis se termine par les mentions : ni fleurs ni couronnes et pas de condoléances.

Ça rigole pas chez les Guellier, les Sicard et les Rouget.

La Franco-européenne du meuble, mais qu'est-ce qu'il en a à foutre le Pierrot où il est maintenant ? Lui, ce qu'il regrette, c'est la première fois où il est tombé amoureux, et l'instant où il a pensé : si un vélo passe avant que j'arrive au coin de la rue, c'est qu'elle m'aime ; le jour où ses enfants sont nés et puis, sur la fin, les mots fléchés de maître Capelo et le petit guignolet kirsch devant « Les chiffres et les lettres », mais la Franco-européenne du meuble, franchement... Alors, Pierrot, nous on devine que tu avais d'autres rêves que la présidence du groupement Cavavin, que tu aimais la vie, et on te dédie ce lundi matin, et je vais faire ce que tu n'as jamais osé faire : « Je dis merde à la Franco-européenne du meuble. »

29 janvier 2002

Lettre à *Libé*

Cher *Libé*,

Nous nous sommes tant aimés. C'était il y a longtemps. Giscard était président et Poniatowski, mort il y a peu, ministre de l'Intérieur. Ponia dont l'éloge le plus chaleureux de la classe politique fut de saluer, je cite : « un homme de conviction ». Il faut savoir qu'en langage politique un homme de conviction signifie un gros réac. Giscard et Ponia, ça nous rappelle l'époque des « Top à Carlos » des Carpentier le samedi soir, alors tu penses, Cher *Libé*, ce qu'on pouvait t'aimer. Dans les trains de banlieue, on reconnaissait les types qui te lisaient, la même lueur dans les yeux, on devinait qu'ils avaient, dans les poches de leur veste en velours, un truc dans du papier alu, et quelques feuilles de Rizla-Croix. Tu nous annonçais Catherine Ribeiro et Higelin à la fête de Lutte ouvrière, on y allait en Coccinelle et on mangeait du pilpil. C'était pas bon le pilpil.

Ceux qui te lisaient sont ceux que Christine Boutin n'aime pas et dont elle a dit, dimanche dernier, qu'elle veut en faire disparaître la culture, avec, dans la voix, un tremblement bien trop intime pour ne pas y déceler la frustration de celle qui, lors des boums, allait dans la cuisine pleurer au-dessus du saladier de sangria parce qu'on ne l'invitait pas.

Alors, aujourd'hui, elle se venge des boums soixante-huitardes. Je ne sais pas si vous avez vu son clip de campagne, c'est terrifiant, on dirait ces publicités des années 80 diffusées à l'entracte dans les cinémas de province, du style : « dans une ambiance élégante et raffinée, le restaurant *La Bonne Marmite* sera heureux de vous recevoir. Hélène et Patrick vous offriront gracieusement un cocktail maison de bienvenue ». Dans le clip de Christine Boutin, c'est pareil, dans une ambiance chaleureuse et raffinée, Christine Boutin vous présente son mari qui bricole dans la maison et surtout son fils qui, contrairement à ce que disait Brel, est déjà adulte avant d'être vieux.

Mais revenons à toi, Cher *Libé*. À cette époque, tu étais l'exemple d'une entreprise autogérée, pas de hiérarchie, on disait que tous tes employés percevaient le même salaire, et chacun avait le droit d'intervenir dans la rédaction du journal. On se souvient que la dactylo, toi tu disais la claviste, parsemait de bons mots les articles en faisant suivre son intrusion d'un *ndlc*, note de la claviste, qui nous laissait penser qu'à *Libé* les sténodactylos avaient autant de talent que les journalistes.

Aujourd'hui, Cher *Libé*, tu es devenu ce qu'est devenu ton patron, Serge July, tu t'es embourgeoisé, tu portes des costards Versace à 20 000, tu fumes le cigare, tu es peigné en arrière et tu ne pars plus en vacances en combi Volkswagen dans le Larzac mais en classe affaires à Saint-Barth ou à l'île Maurice.

Et puis il y a tes annonces. Je parlais hier de celles

du *Figaro*, les tiennes, Cher *Libé*, sont tout autant caricaturales.

D'abord les naissances. Le lecteur du *Figaro* fait parler les morts, madame la Baronne en communion avec le baron. Les parents qui passent des annonces dans *Libé* font parler le bébé qui vient de naître. « Bonjour la Terre, je m'appelle Max Emmanuel et viens d'arriver. Ma maman va très bien, et ma grande sœur, Anne-Charlotte, me couvre de baisers. » Donc, là, à peine né, le môme en prend pour dix ans de psychanalyse.

Les autres annonces ont bien changé. Je me souviens des pages entières d'annonces pour taulards, y a plus d'annonces de taulards dans *Libé*, hier, y avait un loft à vendre à Montreuil à 600 000 euros.

Et puis y a la culture. Tu deviens une espèce de boursouflure élitiste aussi chiante qu'une soirée de Toussaint chez Philippe de Villiers. Hier deux pages sur la perte d'influence culturelle de la Catalogne, tu parles si on s'en fout.

Heureusement il reste tes messages personnels. Certains d'entre eux dénotent une misère affective terrible : « L'autre jour, cinéma Les Halles. J'étais derrière toi. Si tu veux vivre un grand amour, téléphone-moi. » Là, le type, à mon avis, il a peu de chance, vu qu'on ne sait pas à quelle heure, et que la fille ne l'a pas vu.

Ou alors : « Bus 21, mardi. Nos regards se sont croisés, vous très jolie, moi... avec une écharpe... téléphonez-moi... »

Libé, réveille-toi, ils sont devenus fous.

31 janvier 2002

Lettre à Bernie

Chère Madame Chirac,

J'avais prévu de vous écrire ce matin pour vous dire à quel point je commence à être fatigué de vous voir, sur TF1, faire campagne pour votre époux en compagnie d'un judoka qu'on aimait beaucoup mais dont on découvre peu à peu qu'il n'est qu'un beauf réactionnaire et homophobe.

J'avais prévu de vous écrire pour vous dire à quel point vous m'avez fait rire cet été, lorsque vous avez suivi une étape du Tour de France vêtue d'un treillis militaire. Évidemment, on sentait l'influence des conseillers, qui voulaient casser votre image.

Mais, franchement, ce look rock'n roll était tout aussi caricatural que celui des Guignols faisant de vous une mamy dépressive allant à la messe en tenant bien serré sur ses genoux son sac à main où elle a glissé des morceaux de sucre soigneusement enveloppés dans du P.Q.

J'avais donc prévu de vous écrire ce matin, non sans avoir longuement hésité, tant d'autres thèmes méritaient des lettres.

C'est vrai, j'aurais pu, par exemple, écrire au Sommet antimondialisation de Porto Alegre, pour lui faire part de ma tristesse, tant il est récupéré par les démagos de tout poil. Le Sommet antimondialisation est devenu le dernier lieu à la mode pour la gauche caviar, on a l'impression que Jack Lang va y organiser un cocktail, il ne manque plus que Gérard Miller et Isabelle Alonso, on les imagine raconter au retour... « Je reviens du Brésil, c'est extraordinaire, la joie de vivre des enfants dans les favelas, ils n'ont rien mais ils rient tout le temps, tu vois, j'veux dire, à la limite, nous on a tout, mais on a oublié de rire, au fait, je t'ai pas raconté, Pierre Bergé avait mis sur pied une excursion à l'opéra de Manaus, l'opéra improbable de Manaus, c'était fantastique, on a remonté l'Amazone en pirogue pendant trois jours avec un guide indien beau comme un dieu vêtu d'un étui pelvien... » J'aurais pu écrire ce genre de lettre mais, pour un homme de gauche, c'est humiliant.

J'ai longuement hésité, également, à écrire à Jack Lang, justement pour lui dire qu'il se fout de la gueule du monde lorsque je le vois comme hier, s'étant fait pour l'occasion un Régé Color du meilleur aloi, c'est incroyable, ce type-là se teint les sourcils, donc, Jack Lang annoncer, sans sourciller évidemment, que l'insécurité diminue en milieu scolaire.

Après toutes ces hésitations, j'ai décidé de vous écrire ce matin, Madame Chirac. Pour vous dire que j'en ai assez de vous voir sur TF1, TF1 qui n'en finit plus d'expier son soutien à Balladur la dernière fois, et qui en fait des tonnes, y compris une émission spéciale avec l'autre andouille de Jean-Pierre Foucault.

J'aurais pu vous écrire tout ça, mais je ne le ferai pas car il m'est arrivé une chose terrible, le cauchemar de tous les participants du 7-9. Ce matin, je ne me suis pas réveillé. Pour être plus précis, je me suis rendormi. Le piège classique, le réveil sonne, vous vous dites, allez encore cinq minutes et quand vous rouvrez les yeux vous vous apercevez avec terreur qu'une heure vient de passer. Alors, faites un effort, levez-vous, parce que si vous vous dites encore cinq minutes, vous allez vous réveiller avec Alain Rey... L'avantage, c'est que vous n'aurez pas le temps de penser à toutes ces choses humiliantes lorsqu'on est de gauche.

4 février 2002

Lettre à un certain Monsieur Raffarin qui pourrait devenir Premier ministre

Cher Monsieur Raffarin,

Dans cette campagne électorale gagnée par l'hystérie et qui ressemble de plus en plus à une bagarre de sortie de bal, à propos, je ne sais pas si vous avez vu Juppé, hier, droit dans ses bottes comme il aime à le dire, mais là il avait mis des cuissardes d'égoutier, il me faisait penser aux sirènes dans *Astérix*, qui essaient de séduire en vain Obélix, qui ne pense qu'aux sangliers, et, tout à coup, leurs voix tendres et mélodieuses se transforment en hurlements de mégères... Ça donne à peu près : Viens, nous te ferons connaître les plaisirs des dieux, et l'autre : Vous n'avez pas du sanglier ? Alors elles pètent les plombs : Dis donc, le gros, tu vas pas nous gonfler avec tes sangliers. Eh bien, là, avec Juppé, c'est pareil, il commence son discours, normal, c'est-à-dire glacial et méprisant comme à l'époque où il était chef du chômage : Il faut à la France un projet qui lui permette d'aborder les défis qui l'attendent, et là comme François Hollande – vous voyez qui c'est, le rougeaud rigolard, le Hollande, l'autre pays du chômage –, comme Hollande lui balance Schuller, Juppé pète les plombs comme les sirènes d'*Astérix* : Il faut un projet pour la France... quoi ? Dis donc, toi, t'as pas fini de remuer la merde... Bref, voilà des types dont l'essentiel du programme concernant l'avenir du pays consiste à se balancer des vannes et à répondre : C'est çui qui dit qui y est.

Alors, au milieu des invectives, de cette hystérie, de ces avanies, pour tout dire, de cette violence, votre nom, Monsieur Raffarin, qui revient avec insistance comme Premier ministre potentiel au cas où M. Chirac serait réélu, votre nom, Monsieur Raffarin, rien que votre nom, nous rassure... On dirait un personnage d'Alphonse Daudet. Ça fleure bon le terroir. On s'imagine des papys, assis sur un banc de pierre de la place de la mairie, s'exclamer à votre passage : « Tiens, v'là Raffarin qui passe... » De plus, vous êtes sénateur de la Vienne et président du conseil général de Poitou-Charentes. Tout ça respire le calme et la sérénité.

D'ailleurs, vous, chers auditeurs, avant d'affronter une journée qui s'annonce difficile, je vous propose de faire un simple exercice de relaxation, vous fermez les yeux un instant et vous répétez ce mantra : « Monsieur Raffarin, sénateur de la Vienne et président du conseil général de Poitou-Charentes ». Vous avez vu comme ça détend, c'est une phrase qui dénoue les chakras, après avoir dit ça, on se sent calme, serein et apaisé.

Alors rien que pour énerver Sarkozy et Douste-Blazy, j'ai décidé de vous écrire afin de vous faire connaître au grand public.

D'abord, il faut vous situer politiquement. Vous

le dites vous-même, vous êtes chiraco-giscardien. Et là, d'entrée vous frappez fort. Chiraco-giscardien, c'est surréaliste et puis surtout, ça fait rêver les foules. C'est porteur de tant d'imagination et de modernisme.

Le monde change, la mondialisation nous inquiète, le terrorisme nous angoisse, et vous voici Monsieur Raffarin, sénateur chiraco-giscardien, président de la région Poitou-Charentes. Et votre programme ? me demandera l'auditeur alléché par ce chiraco-giscardisme porteur de tant d'audaces. Eh bien, vous l'avez dit, votre programme tient en deux mots, mais quels mots, puisque vous avez inventé la formule « gouvernance humaniste ». Moi au début j'avais compris la gouvernante humaniste, je croyais que vous étiez fan de Mary Poppins. On dirait le nom d'une opération militaire américaine, gouvernance humaniste, on bombarde mais on envoie des vivres. Un chiraco-giscardien qui prône la gouvernance humaniste, il faut avouer que ça fait rêver.

À cet instant, bon nombre d'entre vous se sont rendormis. Et c'est vrai que ça a quelque chose d'hypnotique.

Sénateur de la Vienne, président de la région Poitou-Charentes.

D'ailleurs, en ce moment, on peut voir à la télé une publicité réalisée par le conseil général de Poitou-Charentes, dont vous êtes président, Monsieur Raffarin, et cette pub est comme le symbole de votre candidature. On y voit un loueur de bateau hideux en matière plastique bleue, on dirait une cuvette, qui propose une croisière sur la Charente. Y a rien sur le bateau, il va à 2 à l'heure, et la famille frigorifiée, oui, parce que ça a été tourné un jour de pluie, la famille est assise à l'avant et s'ennuie. Et là, Monsieur Raffarin, on vous aime. D'aucuns rêvent d'une croisière sur le Nil avec au loin les lumières d'Assouan et l'ombre des pyramides, vous, vous nous offrez une balade en bateau en plastique avec une dame qui hurle à trois touristes frigorifiés : « Et ce soir, on va se faire une éclade de moules... » Les autres font : « Ouais... super... »

Et je vais vous dire, quelqu'un qui nous promet une éclade de moules un jour de pluie, en Poitou-Charentes, mérite d'être Premier ministre de la France.

5 février 2002

Lettre à des dîneurs berlinois

Messieurs,

Ainsi donc, vous avez dîné ensemble hier soir, à Berlin, en compagnie du chancelier Schröder. Et, en cette époque de tension préélectorale, ce repas commun nous fait chaud au cœur.

Pourtant, pourquoi le nier, le début du repas fut tendu. Déjà, un désaccord s'était fait jour quant au choix du restaurant. Le président Chirac tenait absolument à dîner dans cette taverne bavaroise, *Chez Helmut*, où il avait ses habitudes à l'époque du chancelier Kohl, alors que M. Jospin aurait préféré manger chinois. En effet, son épouse Sylviane Agacinski, qui avait assisté, il y a quelques mois à Berlin, à un colloque intitulé « L'influence de Spinoza dans l'œuvre de Dany Brillant », avait conseillé à Lionel *Le Palais de jade*, modeste établissement situé près de la porte de Brandebourg, mais qui présente l'avantage d'accepter les tickets-restaurant 2001 dont Lionel possède encore un carnet entier. Et puis, il adore ces chips à la crevette qu'ils servent à l'apéritif avec le cocktail maison où flotte une petite cerise.

Mais comme, aux termes de la Constitution, le

choix d'un restaurant fait partie du domaine réservé du chef de l'État, vous vous êtes donc retrouvés *Chez Helmut*, où une serveuse, vêtue du traditionnel costume bavarois, vint s'enquérir, je cite : « Si ces messieurs prendraient l'apéritif. » Le président commanda une bière, mais, précisa-t-il, dans une de ces grandes chopes comme on voit à la télé à la foire de Munich, avec les types qui portent des shorts à bretelles en peau de vache et qui se balancent d'un côté sur l'autre. En imitant le geste, il heurta violemment M. Schröder, lui démettant l'épaule. Vous, monsieur Jospin, avez demandé de la Badoit, car, avez-vous précisé, ce repas devait être l'occasion d'un échange de vues avec le chancelier sur l'évolution des relations franco-allemandes.

Là, le président a fait la gueule. On sentait bien qu'il pensait : Ah, la vache, c'est mal parti.

Lorsque la serveuse arriva avec son petit carnet pour prendre la commande, Chirac ne lut même pas la carte et réclama l'assortiment de charcuteries bavaroises, comme la dernière fois avec Helmut. « Mais c'est pour deux », bredouilla la soubrette impressionnée. « Je sais, je sais, lui répondit Chirac, mais je prends pas d'autre entrée. » Lionel Jospin, affligé, se massait le haut du nez entre le pouce et l'index un peu comme Lino Ventura dans *L'Emmerdeur*. Dans un soupir, il commanda des crudités.

Devant l'insistance du chancelier Schröder qui souhaitait porter un toast à l'amitié franco-allemande, M. Jospin finit par accepter que Gerhard lui serve un verre de vin du Rhin. Top-top-top, fit-il, mais il but avec plaisir et ressentit aussitôt cette euphorie qu'il n'avait plus connue depuis une troisième mi-temps d'un match de basket universitaire où, au fond du car qui ramenait l'équipe, il avait chanté *En revenant de Nantes, la digue*, etc.

Alors, le repas changea d'âme. Comme Schröder était parti passer des radios de contrôle pour sa clavicule, vous êtes restés tous les deux, et vous vous êtes raconté des histoires de garçon, des histoires du passé. Jacques parla d'une fille qu'il avait connue lors d'un voyage aux USA lorsqu'il était étudiant, une fille qui l'avait rendu malheureux. Jospin le consola et raconta à son tour son premier baiser dans une boum, sur cette chanson de Procol Harum, comment ça s'appelait déjà ?...

Puis, très tard dans la nuit berlinoise, vous êtes rentrés à l'hôtel. À pied car vous aviez besoin de marcher rapport à la charcuterie. Jacques rota si fort que l'écho fit trembler la porte de Brandebourg, Lionel se retint, mais l'admira.

Arrivés à l'hôtel, vous avez retardé le moment de vous séparer, mais comme vous deviez vous lever tôt à cause de ces réunions avec vos conseillers pour commenter les derniers sondages, vous vous êtes souhaité bonne nuit et dans le couloir, chacun, en se dirigeant vers sa chambre, attendait, espérait, un dernier mot de l'autre... Ce fut Jacques qui appela le Premier ministre...

— Hé, Lionel...

— Oui, Jacques...

— *A Whiter Shade of Pale.*

— Quoi ?

— La chanson de Procol Harum... *A Whiter Shade of Pale...*

— Ah oui, c'est ça, bonne nuit, Jacques.

— Bonne nuit, Lionel...

À cet instant je me suis réveillé et, depuis ce matin, j'ai dans la tête la musique insistante d'une vieille chanson de Procol Harum... quand c'était bien...

7 février 2002

Lettre à Mr. Bush

Cher Doble You,

Tout d'abord, permettez-moi de vous faire part de mon émotion à l'idée de m'adresser, moi le natif d'Argenteuil, à l'homme le plus puissant de la planète.

L'homme le plus puissant de la planète et qui va l'être encore plus car vous venez de décider d'une augmentation sans précédent de vos crédits militaires.

Bon, remarquez que c'était nécessaire, vu que l'armée la plus forte du monde est incapable de rattraper un borgne en djellaba qui s'enfuit à mobylette, et ça, franchement, ça la fout mal.

Mais j'ai entendu sur LCI que ces crédits supplémentaires étaient surtout destinés à mettre en place de nouvelles mesures de sécurité dans les aéroports.

Rappelons qu'à l'heure actuelle il existe le fameux questionnaire permettant de déceler les terroristes en fonction des incohérences de leurs pensées.

Cher Doble You, Dieu merci, vous, vous êtes tranquille, vous n'avez pas besoin de remplir ce questionnaire, vous prenez Air Force One, et c'est une chance parce que, au niveau des incohérences de la pensée, dame nature vous a généreusement pourvu.

À ce propos, je voudrais citer quelques-unes de vos perles qui ne sont pas sans rappeler Bernard Montiel à son top.

Vous êtes notamment l'auteur de cette phrase sublime : « Je crois que les êtres humains et les poissons peuvent coexister pacifiquement... » Ah oui, d'accord. Ce sont de merveilleuses paroles d'espoir. Nous, on pensait que l'homme et la truite arc-en-ciel ne pourraient jamais coexister, et là vous nous rassurez. Bon, alors, maintenant que les risques de guerre nucléaire avec les brochets sont écartés, si vous pouviez vous pencher sur le conflit israélo-palestinien, ça nous arrangerait.

Sur le plan géographique, vous avez également fait très fort en affirmant : « Je connais bien la Slovaquie puisque c'est le Premier ministre slovaque lui-même qui m'a parlé de son pays lorsqu'il est venu au Texas. » Bon, en fait, c'était le Premier ministre slovène que vous aviez reçu ce jour-là. Remarquez, on n'est pas vraiment inquiet, car en cas de conflit avec l'un des deux pays, vous bombarderez les deux, pour être plus sûr.

Une chose est certaine, Doble You, vous êtes un homme de conviction. Vous avez en effet déclaré à Rome, en juillet dernier : « Je sais ce que je crois. Je continuerai à dire ce que je crois, et ce que je crois, c'est que je crois que ce que je crois est bien. » On dirait du Devos. On pensait que vous préfériez Davos à Devos.

Mais revenons à ces crédits supplémentaires pour la sécurité dans les aéroports. Sur LCI toujours, on nous expliquait ce matin qu'on allait mettre au point une machine capable de détecter les terroristes en fonction de leur activité cérébrale. Alors, là, permettez-moi de vous dire que ça va mettre une sacrée pagaille dans les aéroports. On n'a pas fini d'être en retard.

Une machine à détecter l'activité cérébrale. Imaginez la panique dans l'aéroport le jour où la tournée de Star Academy viendra embarquer et qu'ils devront passer au détecteur d'activité cérébrale.

« Allez-y, monsieur Mario, ah ! tiens ! ça s'allume pas, attendez, ça doit être débranché, ben non, c'est bizarre, l'appareil est bien branché mais il ne détecte aucune activité intellectuelle... »

Et le jour où certains animateurs de télé vont prendre l'avion, dès qu'ils passeront sous la machine, on entendra les sirènes d'alarme et ils seront immédiatement plaqués contre le mur par des agents de sécurité...

Mais je n'suis pas un terroriste...

Si, la machine démontre que vous n'avez aucune activité intellectuelle.

Mais, c'est normal, je suis Julien Lepers.

Voilà, j'ai fini par dire des bêtises, alors que je voulais vous écrire une lettre sérieuse. Le 11 septembre nous étions tous américains, on pensait que ce jour maudit pouvait être le début de quelque chose qui ressemble à un partage avec le Sud, qu'on pourrait oublier la dette, nourrir les mômes d'Irak, donner des médicaments génériques aux Africains, mais, comme l'a dit Hubert Védrine hier à cette antenne, si nous, Français, avons cru ça, vous, Doble You, jamais vous n'y avez songé.

Alors, Monsieur Bush, à Argenteuil comme ailleurs vous faites peur, vraiment peur.

8 février 2002

Lettre à Jacques Vendroux

Nous sommes vendredi, et vous le savez, chaque vendredi, c'est la lettre légère, la chronique Friday Wear, on ne parle pas de ce qui fâche, des affaires de détournements de fonds au Parc floral de la ville de Paris, vous imaginez, le Parc floral, ils nous auront tout fait, ils ont piqué des marguerites pour subventionner le R.P.R., bientôt on va découvrir que Tiberi avait institué une double billetterie au manège du Trocadéro ou que les pourboires de la dame pipi des toilettes de la Madeleine ont servi à financer les campagnes de Bernard Pons... Remarquez, là y a une logique...

Des emplois fictifs au Parc floral, vous imaginez... enfin...

À propos d'emploi fictif, je voudrais vous parler de Jacques Vendroux.

Pour ceux qui l'ignoreraient, Jacques Vendroux est le chef du service des sports de Radio France, il ressemble physiquement à un vieux mousquetaire qui sortirait d'un combat avec les soldats du cardinal puisqu'il arrive chaque matin le visage zébré de coupures de rasoir qu'il coagule à l'aide de lambeaux de papier-toilette et il faut avouer que la vision du visage de Jacques Vendroux, perclus de petits bouts de P.Q. sanguinolents, est assez terrifiante.

Comme vous le savez, Jacques Vendroux est spécialiste de football et, à ce titre, il vit actuellement des heures difficiles. En effet, une station de radio locale dont je ne citerai pas le nom par discrétion, je dirai juste les initiales pour pas qu'on la reconnaisse : RMC, vient d'acquérir l'exclusivité des droits de diffusion radio de la prochaine coupe du monde de football.

C'est-à-dire que, dorénavant, les autres radios devront payer pour commenter des matchs de foot. Comme le président Cavada alloue au service des sports un budget annuel équivalent au S.M.I.C. mauritanien, Jacques Vendroux ne peut évidemment pas payer ces droits, mais il a déclaré dans la presse, je cite : « Je ne paierai pas et je retransmettrai quand même la coupe du monde, je ne dis pas comment, j'ai ma petite idée. »

Alors, il faut savoir que Jacques Vendroux vit chez sa maman près de Calais, à Ondres, il dort dans sa chambre d'adolescent, avec au mur des posters de Piantoni, de Fontaine et du Général... oui, là, je baisse le ton pour ne pas qu'il m'entende, Vendroux est de la famille du Général, plus précisément de tante Yvonne, dont il est le neveu... On le sait trop peu : à la Maison de la Radio, le Général avait pistonné plusieurs membres de sa famille, Macha Béranger, par exemple, est née Simone Couve de Murville, et elle est la fille adultérine que le Général aurait eue lors d'une brève liaison avec Mme Couve de Murville, Macha est en quelque sorte la Mazarine de De Gaulle.

Donc Jacques Vendroux, lors d'une conférence de presse, a déclaré aux journalistes, enfin à ceux qui étaient restés car les autres, terrorisés par les bouts de P.Q. sanguinolents, étaient partis en courant : « Je retransmettrai la coupe du monde par n'importe quel moyen. »

En fait, dans sa chambre d'adolescent, là où il découvrit son corps en regardant la photo du Général, ce qui explique la sexualité pour le moins perturbée de Jacques Vendroux, ce dernier a retrouvé un vieux poste à galène. Un ami coréen de Jacques prénommé Ri, l'ami Ri Corée donc, écoutera Radio Séoul sur le poste à galène, traduira les commentaires à Jacques Vendroux, qui nous les transmettra grâce à un émetteur de fortune dont l'énergie électrique sera fournie par deux Turcs pédalant dans la cave de sa maman. Bon, il est évident que RMC tentera de brouiller l'écoute, et ça Vendroux a l'habitude, mais notre ami Jacques résistera. Il n'est pas de la famille du Général pour rien. Et l'été prochain, venant d'un village du Pas-de-Calais, vous pourrez entendre : « ... Boum-boum-boum, ici, Ondres, tout-tout-tout, Frank Lebœuf a fauché Effenberg, je répète, Frank Lebœuf a fauché Effenberg... »

Remarquez, même brouillés, les commentaires de Vendroux seront toujours plus clairs que ceux de Thierry Roland.

Alors, malgré les morceaux de P.Q. collés sur tes plaies, nous t'embrassons chaleureusement, Cher Jacques.

8 février 2002

Lettre au lundi matin

Cher Lundi matin,

Tout le monde te déteste.

Tu viens rôder le dimanche soir et, dès la fin du film à la télé, tu installes ton angoisse gluante au plus profond de nous.

D'ailleurs qui fait l'amour le dimanche soir ? À part Hélène Cardin, personne.

Et puis, alors qu'on a l'impression d'avoir à peine dormi une heure, tu fais irruption dans notre sommeil, avec cette insupportable sonnerie de réveil qui vient déchirer nos rêves. Au début, on n'y croit pas, c'est pas possible, on se dit qu'on n'aura jamais la force. Au prix d'un effort terrible, on finit par ouvrir un œil et on s'assied un long moment, hébété, au bord du lit.

Sachez que personne n'échappe à ce calvaire, même les puissants. Un exemple au hasard : le président Cavada ! Quel bonheur d'imaginer le réveil de Jean-Marie Cavada, hagard, un œil collé par la conjonctivite, une gerbe de cheveux dressés sur la tête dans un épi ridicule, et la joue zébrée par les plis de l'oreiller.

Ah ! il est beau le président, l'avantage c'est qu'à

cette heure-là il risque pas de faire des discours interminables sur l'avenir de l'audiovisuel.

Et les hommes politiques. On devrait les filmer au réveil, je suis sûr que ça les rendrait beaucoup plus attachants.

Tiens, Balladur par exemple. Imaginez, vous êtes caché sous son lit, c'est comme un plan de cinéma. Vous voyez à l'infini un superbe parquet marqueté, et là, au premier plan, deux mules en vachette ridicules. Soudain, deux pieds mous et blanchâtres les enfilent à tâtons, et vous les voyez s'éloigner en faisant un bruit de glisse insupportable sur le parquet, ça fait : zip zip zip...

Eh bien, ça, je vais vous dire, un lundi matin, ça fait chaud au cœur. Ça fait chaud au cœur de penser que Balladur va pisser en se grattant la fesse gauche et que, dans le silence d'un appartement cossu orné de vases Ming et de statuettes ottomanes, on entendra le bruit caractéristique d'un jet continu, suivi de quelques secousses prostatiques...

Et Giscard... lui, dès son réveil, il vit dangereusement, car pendant la nuit le cheveu unique qu'il met une heure à enrouler sur son crâne s'est défait, il a donc, sur le côté, un truc d'un mètre cinquante qui pendouille et comme il a oublié, la plupart du temps, en se levant, il marche dessus et s'étale au pied de son lit...

Et Lionel, avec Sylviane à ses côtés. Madame a des végétations, et une philosophe qui dort la bouche ouverte avec un râle de gorge, ça atténue la portée de son discours.

Et notre ami le mollah Omar. Avec, sur la table de nuit, son verre dans lequel trempe son œil, on dirait le poème de Victor Hugo *La Conscience*,

« L'œil était dans le verre et regardait Omar ». Lui aussi a ses problèmes, aujourd'hui, c'est de dénicher un concessionnaire Motobécane ouvert un lundi matin sur la route de Kandahar.

Parce que le lundi matin, au réveil, on est assailli de problèmes, un contrôle de maths, un entretien d'embauche, un résultat d'analyses, l'angoisse de ce bureau avec son odeur particulière, mélange de papier et de chaleur d'ordinateur, mais pourquoi toutes ces choses arrivent-elles le lundi, pourquoi n'y a-t-il jamais de contrôle de maths le vendredi ?

Parce qu'il existe, le vendredi, une espèce d'euphorie, un peu comme si on balayait les problèmes sous le tapis. Le lundi matin, on soulève le tapis et on découvre toutes les saletés de la semaine d'avant.

Et puis, le lundi matin, il y a cette malédiction des objets, la brique de lait sur laquelle figure la mention « ouverture facile », tellement facile qu'on finit par l'ouvrir au couteau et qu'on se retrouve avec une mare de lait sur le plan de travail, une mare de lait vite épongée par le café, sur le paquet duquel il y avait aussi écrit : ouverture facile. Une fois qu'on a domestiqué le petit déjeuner, on met en marche la radio... et là, tout nous tombe dessus, Israël et la Palestine, Salt Lake City, le procès d'un serial killer, des incidents au Parc des Princes, la pluie sur Paris et, pire encore, la chronique économique de Jean-Marc Sylvestre. Alors après ça, tu t'étonnes, Cher Lundi matin, qu'on te déteste.

Et pourtant, comme tous les lundis, on va se coltiner le contrôle de maths, l'entretien d'embauche, le résultat d'analyses, Balladur mettra son costume trois-pièces et Giscard sa mèche infernale, Jean-

Marie Cavada, impeccable, fera un discours brillant sur l'avenir de l'audiovisuel et le mollah Omar trouvera un concessionnaire Motobécane.

Parce que, le lundi matin, chacun de nous est un héros ordinaire.

12 février 2002

Lettre au Président-Candidat

Cher Monsieur Chirac,

Autant vous le dire tout de suite, contrairement aux commentaires que vous allez entendre ici ou là, je vous ai trouvé très bon hier soir.

D'abord votre tenue, ce costume au pantalon remonté sous les aisselles, cette veste ouverte sur une cravate descendant jusqu'à terre, il y a là quelque chose de rassurant. Au moment où Séguéla transforme bêtement Jospin en minet, vous, vous venez à la télé, habillé comme si vous alliez à un banquet d'amicale bouliste. Et puis, comme une caméra vous filmait de trois quarts arrière, on voyait sous le bureau vos deux grandes cannes maigres et nerveuses qui s'agitaient, mais nous y reviendrons.

Au début, P.P.D.A., voulant éviter d'être taxé de complaisance, s'est déchaîné. Il a attaqué d'entrée en disant : « Votre candidature met fin à une situation hypocrite, à ces réunions en clair-obscur à l'Élysée, est-ce cet abcès que vous avez voulu crever ? »

Là, comme un boxeur surpris, cueilli à froid par une droite au menton, vous avez marqué un temps de surprise, un temps de suffocation et, aussitôt, votre jambe s'est mise en action.

Votre jambe gauche qui commença à bouger, tout

d'abord sporadiquement dans un mouvement nerveux de piston, puis de façon continue, comme une mécanique, comme un vilebrequin infernal qui faisait trembler la table, qui faisait trembler le studio, qui faisait trembler TF1, qui faisait trembler la France, oui, à cet instant, nous sursautions tous au rythme de votre jambe gauche, Monsieur le Président... Mais il vous fallait répondre et là, malheureusement, votre voix n'a pas suivi... trop de mots se sont précipités en avalanche, alors vous avez répondu... arrrghhh... Puis, un peu comme celui qui va se noyer s'accroche à une bouée, vous avez lu la première fiche devant vous sur laquelle était écrit : « Dis-leur que tu les aimes », signé : ta fille Claude.

Alors vous avez prononcé la phrase, la seule, celle qui restera, celle qu'on attendait, celle qui me donnait, hier soir, envie de courir au premier bureau de vote et tambouriner à la porte en hurlant : Ouvrez-moi, ouvrez-moi tout de suite, je vous en supplie, je veux voter pour Chirac.

Vous nous avez avoué que vous nous aimiez. Et là, rien d'autre n'existait. C'est Mozart enfant qui, lorsque les adultes lui demandaient de jouer, répondait : « Dis-moi d'abord que tu m'aimes ». Un pays entier, dans cette campagne électorale, demandait aux candidats : Dites-nous d'abord que vous nous aimez... Et c'est vous qui nous l'avez dit, Jacques. Alors, peu importait la suite, P.P.D. pouvait bien rappeler toutes vos conneries, le bilan nul, les affaires, la dissolution, la fracture sociale, mangez des pommes, on s'en foutait, puisque vous nous aimiez.

Souvenez-vous, chers auditeurs, lorsque vous étiez enfants, car nous avons tous été enfants, même Jean-Marc Sylvestre, eh bien, lorsqu'on faisait une grosse bêtise, on allait voir notre mère et afin d'anticiper les reproches et les punitions, on lui disait : Je t'aime, maman, et là, l'émotion la submergeait et, les larmes aux yeux, elle nous serrait contre elle, en oubliant nos bêtises...

C'est exactement ce qui s'est passé hier soir, Monsieur le Président. L'émotion nous a submergés et on avait envie de vous serrer contre nous en oubliant vos bêtises.

Alors, on détestait P.P.D. de vous poser des questions dérangeantes. Vous, vous y répondiez par ce rire, ce célèbre rire, ah ah ah, dont l'utilité est double, d'une part, il vous permet de gagner du temps et de chercher une réponse efficace et, d'autre part, il marque bien à quel point cette question ne vous dérange absolument pas.

Nous qui commençons à vous connaître, on sait bien que plus vous riez après une question, plus vous êtes dans la merde, et, franchement, hier soir vous avez beaucoup, beaucoup ri... mais puisque vous nous aimez, vos turpitudes, on s'en fout...

15 février 2002

Lettre à Arlette Laguiller

Chère Arlette Laguiller,

J'insiste sur votre nom car je déteste cette espèce de condescendance qui consiste à vous appeler par votre prénom, comme si vous étiez une curiosité politique, un gadget électoral, une de ces candidatures anecdotiques comme on en voit à chaque élection.

Chère Arlette Laguiller, vous étiez hier soir sur France 2, dans l'émission spéciale « Élections », animée par Olivier Mazerolle. Je ne sais pas si vous avez remarqué, Mazerolle ressemble à un gérant de supérette Félix Potin, on l'imagine vêtu d'une blouse en train de faire l'addition au dos d'un camembert.

L'émission est filmée devant une baie vitrée donnant sur les boulevards extérieurs de Paris. Et ça, c'est l'idée de génie de France 2 pour faire de l'audimat. L'émission a beau être ennuyeuse, on s'en fout, puisqu'on n'écoute pas, on surveille le trafic routier. Par exemple, vous êtes allé dîner chez votre belle-mère comme tous les jeudis soir, au moment de repartir, vous dites : Tiens, je vais regarder l'émission politique de France 2 pour savoir si on prend le pont du Garigliano, oh là non, ça a l'air bouché, on va passer par le pont Mirabeau. On ne voit que ça, les phares des voitures derrière la baie vitrée, c'est bien simple, on s'attend à l'apparition de Valérie Maurice qui nous ferait le point route derrière les journalistes. Hier, Chère Arlette Laguiller, on savait qu'il fallait éviter le secteur, car pendant toute votre prestation on a vu derrière vous un gyrophare semblant indiquer qu'un accident avait eu lieu sur le boulevard Exelmans.

C'est une idée qu'ils ont piquée à « 7 sur 7 » d'Anne Sinclair. Anne Sinclair, voilà une fille qui a animé les émissions politiques pendant des années et dont on ne se souvient d'aucune impertinence, d'aucune audace, tout ce qu'on se rappelle, c'est qu'elle portait des pulls en mohair, qu'elle prenait des poses avec son stylo Montblanc, et qu'elle avait les yeux si bleus qu'un jour Guy Bedos lui dit qu'ils sentaient l'iode.

Et c'est là qu'on prend conscience que, dans journaliste télé, il y a le mot télé.

Mais revenons à vous, Chère Arlette Laguiller.

Hier soir, vous étiez vêtue d'un tailleur-pantalon en jersey violet griffé Kiabi, d'un débardeur rose élimé au cou, et vous étiez passée chez le coiffeur avant de venir à l'émission. Au moins, on est sûr d'une chose, vous n'allez pas vous faire coiffer chez Carita ou Alexandre, vous n'avez pas non plus cette vulgarité des coupes pour télé de Franck Provost, en fait, vous allez chez une coiffeuse de Bobigny, une vieille copine à vous, adhérente de Lutte ouvrière, le salon s'appelle Chez Micheline. Là, vous attendez sagement votre tour en lisant les articles de Jean-Marc Sylvestre dans *Valeurs actuelles*. Bon, honnêtement, il faut reconnaître qu'hier Micheline n'était pas dans un bon jour, ou ses ciseaux étaient émoussés, bref, ça vous faisait des échelles terribles, on aurait cru que vous aviez collaboré avec les Allemands, de plus, Micheline, décidément mal inspirée, vous avait fait une couleur sans vérifier sur le sachet la date de péremption, qui devait être janvier 58, car la teinture n'avait pris que par endroits, ce qui fait que dans vos cheveux, on voyait alterner des trous et des mèches couleur queue de vache.

J'ai regardé votre prestation avec bienveillance car il paraît que, la veille, sur une radio concurrente et néanmoins ennemie, des journalistes vous ont fait pleurer. Enfin, journaliste, le mot est exagéré, puisqu'il s'agit d'Emmanuel Chain, vous savez, le type inquiet qui se fait toujours du sourcil.

Mais pourquoi Emmanuel Chain vous a-t-il fait pleurer, Chère Arlette ?

Vous a-t-il fait les gros yeux ? Que nenni. Il vous a juste posé, sans sourciller donc, les questions que tout le monde se pose sur Lutte ouvrière, sur son côté sectaire, sur l'interdiction faite à ses membres de se marier, sur l'opacité de sa direction et sur ce fameux dirigeant, qui s'appellerait Hardy. Et là, en ce jour de Saint-Valentin, on s'interrogeait sur vos histoires d'amour, on imaginait des garibaldistes italiens grands et frisés, des types de l'IRA aux yeux bleus, et puis Mazerolle a rompu le charme en rappelant que Lutte ouvrière interdisait à ses membres de se marier.

Autrement dit, prolétaires de tous les pays, unissez-vous, mais surtout pas à Lutte ouvrière.

C'est là que j'ai regardé ce gyrophare derrière la baie, et je me suis aperçu qu'il s'agissait d'une ambulance. Mazerolle et Leclerc enfonçaient le clou du sectarisme, en oubliant qu'il ne fallait jamais tirer sur une ambulance.

La fois où Pasqua fut invité, on aperçut également la lueur d'un feu clignotant, mais, ce soir-là, c'était le camion des poubelles qui passait...

21 février 2002

Lettre à un Jospin bergmanien

Cher Monsieur Jospin,

Pourquoi le cacher, l'annonce de votre candidature ne nous a pas franchement enthousiasmés. Je veux dire dans sa forme. Là où le président Chirac choisissait Avignon, le soleil, le Sud à la mi-journée, juste avant d'aller partager une bouillabaisse roborative, vous, vous vous êtes déclaré candidat par un fax laconique envoyé aux journaux.

Un fax. Comme moyen plus austère, il vous restait le Minitel, le pigeon voyageur, la lettre anonyme, ou alors, faire annoncer votre candidature par une veuve de pasteur luthérien dans une maison isolée près d'un lac suédois par un soir de grand vent.

Ça aurait donné quelque chose de ce genre-là. Tiens, Olivier de Rincquesen, faites-moi le vent dans les grands arbres de la forêt suédoise. Maintenant, imaginez la veuve bergmanienne qui écarte un rideau et tout en regardant par la fenêtre s'adresse à sa sœur.

« Tu sais, Hildegarde, je crois que Lionel va se présenter...

— Sans doute, Ute, et mon cœur s'emplit de joie mais l'hiver est déjà là et la brume tombe sur le lac... »

Alors, évidemment, comme nous, vous vous êtes aperçu que cette façon de vous lancer dans la campagne manquait quelque peu de chaleur, vous avez décidé, hier soir, de quitter votre domicile pour parler aux journalistes.

Et l'on vous a vu en bas de chez vous, manque de pot, il pleuvait, la nuit tombait, et dans cette tristesse crépusculaire, vêtu d'une gabardine spartiate nouée à la taille, vous avez déclaré : « Le moment est venu, alors j'y vais avec une joie non dissimulée. » Oh ! la vache, qu'est-ce que ça doit être quand vous cachez votre joie. On avait l'impression que vous imitiez Droopy, et que vous alliez dire : « You know what, I'm happy... », c'était plus une candidature, c'était l'annonce faite à Marie...

Si Chirac avait été à votre place, hier soir, il serait descendu en jogging et en charentaises, en aurait profité pour sortir la poubelle et promener le chien, puis, en rigolant, il aurait invité tous les journalistes à monter boire une Corona, là ça aurait eu de la gueule, décidément vous n'avez pas le même style, vous c'est l'annonce faite à Marie, lui c'est l'annonce faite à Méry...

Un célèbre homme de gauche, Michel Sardou, dans une de ses œuvres inoubliables, disait, je cite : « Accéder à la présidence et de là faire bander la France. »

Alors, Monsieur Jospin, on sait que vous êtes un type sérieux, bosseur, et on sent que vous êtes honnête. Mais pour accéder à la présidence, il vous faut faire bander la France.

Et là, y a du boulot.

On imagine que vous pensez que d'autres se chargent de nous faire rire. C'est vrai, on a Devedjian, dès l'annonce de votre candidature, on savait qu'il allait balancer une connerie comme d'habitude, et ça n'a pas raté, je crois que ce type-là joue le rôle d'une catharsis chiraquienne. C'est-à-dire qu'une fois qu'il a parlé, ça fait comme une purge et par comparaison les autres caciques du R.P.R. semblent tout à coup honnêtes et brillants.

Comme autre clown, on a M. Hollande, le Santini du P.S., M. Hollande dont les vannes sont aussi lourdes que la conscience de M. Balkany. Mais franchement, Monsieur Jospin, on préférerait que ce soit vous qui vous lâchiez.

Votre ancien ministre, M. Allègre, nous a expliqué que vous étiez comme le quetzal, magnifique oiseau d'Amérique du Sud qui ne chante pas quand il est en cage. Et Allègre a conclu : Ça y est, le Quetzal Jospin vient de s'envoler, il va chanter et il vous surprendra...

Hier soir, le Quetzal avait encore les ailes collées, on a vraiment hâte de l'entendre chanter et nous faire rêver. Nous faire rêver, ça veut pas dire nous promettre l'utopie, nous faire rêver, ça veut pas dire manger des pommes, non, nous faire rêver, ça veut dire imaginer qu'on puisse aider ceux qui sont en galère au lieu de se goinfrer au point de les rendre fous de haine.

22 février 2002

Lettre aux viennoiseries du 7-9

Chères Viennoiseries,

J'ai longuement hésité avant de vous écrire. Dans un premier temps, je voulais écrire à François Hollande que j'ai observé hier matin dans ce studio, et là, de nombreux auditeurs se disent : Ah, ça y est, le revoilà avec François Hollande, mais pourquoi lui en veut-il ainsi ? Eh bien, c'est au nom de la parité, car dès que je balance sur un homme politique de droite, je dois compenser à gauche. Un exemple au hasard, M. Douste-Blazy. À cet instant, Stéphane Paoli vient d'esquisser un signe de croix car Douste est notre invité tout à l'heure, si je glose sur sa capacité à anticiper la situation internationale puisque voilà un type qui part en vacances en Inde en pensant : Tiens, c'est calme, je vais décompresser, à peine quelques jours avant que ce pays s'apprête à faire la guerre au Pakistan, donc si je balance sur... Douste, le C.S.A. m'oblige à chambrer également à gauche.

François Hollande. Il est arrivé hier matin dans ce studio avec son attachée parlementaire, ils se sont assis à côté de moi, ce qui m'a permis de les étudier et de les écouter à loisir, et je tiens d'ores et déjà à rassurer Mme Ségolène Royale, il n'y a rien, absolument rien, entre son mari et sa collaboratrice. En effet, à peine assis, François Hollande s'est jeté sur le journal *Le Figaro*, en véritable homme de gauche, mais il s'est également jeté sur les viennoiseries, on y vient, et là, c'était impressionnant. Pour vous donner une idée, à côté de François Hollande, Alain Rey a l'air de faire de l'anorexie matinale. François Hollande ne mange pas, il dévore, il engloutit, il absorbe, il ingère à une vitesse hallucinante. Et là, une précision technique s'impose : comme ce sont des miniviennoiseries, il les mettait en bouche dans leur totalité, les mâchait à peine, puis avalait une gorgée de café afin de faciliter la déglutition. Pendant ce temps-là, son attachée parlementaire lui donnait des conseils pour son intervention, eh bien, il arrivait à répondre tout en mangeant, en buvant son café et en tournant nerveusement les pages du *Figaro*, ce type est incroyable, il faisait les quatre choses à la fois, on aurait cru la déesse Vishnu aux six bras.

À un moment, l'attachée parlementaire a dit à François Hollande : « Surtout n'oubliez pas de sortir des plaisanteries pour contrebalancer l'annonce de candidature lugubre de Jospin », et là, il lui a rétorqué : « T'inquiète pas, ma poule. » Un t, un q et deux p, ces consonnes, qui sont nos amies lorsqu'on joue au Scrabble, deviennent nos pires ennemies lorsqu'on doit les prononcer avec, en bouche, un pain au chocolat à demi mâché. Sa réponse à son attachée parlementaire est donc parvenue sous forme d'un mouchetis de viennoiserie qui constella son visage... et quand Hollande a ajouté : « Vous avez bien compris ? », ce qui est sûr c'est qu'elle n'en avait pas perdu une miette...

Autant vous dire qu'il a vidé la corbeille à une vitesse ahurissante. C'est alors qu'Alain Rey est arrivé. Je vous laisse imaginer la dramaturgie de la situation. À cet instant s'instaura dans le studio une tension insoutenable, on aurait cru une scène d'*Il était une fois dans l'Ouest.* Les yeux d'Alain Rey allaient de la corbeille vide à M. Hollande qui, repu, souriait béatement. Alain Rey serrait les mâchoires et on devinait qu'il venait de décider de voter pour Chirac.

Ensuite, M. Hollande s'est levé pour venir au micro, émettant une série d'éructations que nous prîmes pour le bruit de la perceuse qui nous accompagne quotidiennement, il s'assit à cette table et il tint parfaitement son rôle de pompom boy de Jospin en nous faisant rigoler. En le voyant partir, sanguin et souriant, je pensai à ces photos de vacances parues dans la presse. On le voyait en compagnie de son épouse prenant un bain de mer dans une eau paradisiaque, mais l'on s'apercevait qu'il était doté d'un ventre impressionnant. J'en parle avec d'autant plus de décontraction que je suis attentif à rester mince, mais, concernant M. Hollande, maintenant on sait que ce sont les croissants qui lui donnent de la brioche.

25 février 2002

Lettre à la Noiraude

Chère Noiraude,

La France entière t'a vue hier à la télévision.

Comme chaque année, au mois de février, tu as quitté la Savoie dans la camionnette de ton maître, Paulo, pour venir à Paris, au Salon de l'agriculture.

Très tôt, hier matin, Paulo t'a nettoyée, shampouinée, pomponnée, il te frottait même avec de l'herbe à chaque fois que tu... toi ça te faisait marrer, alors tu n'arrêtais pas de faire des petites bouses de rien du tout pour le voir s'affoler et t'essuyer très vite, c'est tout juste si on te mettait pas une couche confiance et, du coup, tu étais un peu déboussolée vu que ta queue n'avait plus de mouches à chasser, tu savais bien que si on te bichonnait comme ça, c'est que les hommes aux costumes très chers allaient venir et qu'il fallait que tes fesses soient propres pour qu'ils puissent les caresser.

Chaque année, c'est le même cérémonial. Ça commence par un attroupement, et puis des gros types avec des oreillettes et des talkies-walkies encadrent ces messieurs en costume qui viennent te tapoter les fesses avant d'aller très vite se désinfecter les mains dans la Safrane.

Mais surtout, y a le grand aux cheveux teints peignés en arrière. Lui il t'impressionne, il s'arrête partout et mange tout ce qu'on lui présente, des morceaux de fromage piqués dans un cure-dents, des rondelles de saucisson, de l'andouillette, qu'il accompagne de tout ce qu'on lui donne à boire, du vin du Jura, du muscat, du cahors, et, à chaque fois, il fait mine de s'enthousiasmer et félicite le producteur.

Chaque année, lorsqu'il passe à ta hauteur, il te caresse les fesses en disant à Paulo : « Elle est belle, bravo, allez, bon courage et gardez l'espoir. »

Et chaque fois Paulo est fier du compliment... pour l'espoir c'est moins sûr, toi tu sais qu'à la ferme, lorsqu'il reçoit des lettres du Crédit agricole, comme il veut pas les montrer à la Françoise, il vient les lire dans la grange, à côté de toi, et là, souvent, il pleure.

Cette année, c'était spécial, et c'est pour ça que la France entière t'a vue hier à la télé, Paulo t'avait décorée avec un ruban bleu, blanc, rouge, et il a fait tinter ta cloche au passage du grand qui mangeait du saucisson et, quand ce dernier s'est approché, Paulo a dit : « Elle vous souhaite bonne chance pour les élections », et l'autre a répondu : « Merci ».

Autrement dit, hier, au Salon de l'agriculture, le président de la République française a remercié une vache savoyarde de ses bons vœux.

Malgré ces instants de gloire, tu n'aimes pas trop venir à Paris. D'abord parce que tu quittes Hercule, le taureau du pré voisin qui en gage d'amour, un jour, a perdu un œil en brisant une clôture pour te rejoindre. Oh, bien sûr, au Salon de l'agriculture, il y a les plus beaux taureaux, des play-boys body-buildés, mais toi tu t'ennuies de ton Hercule, et puis de toute façon ces taureaux de concours, ils ne fréquentent que les blondes d'Aquitaine, eh oui, chez les vaches aussi, y a des bimbos, les blondes d'Aquitaine, elles prennent des farines spéciales pour avoir des formes, toi jamais, Paulo ne te donne que de l'herbe, alors forcément, à la pesée, tu te fais battre chaque année par une blonde. T'es battue aussi par les salers, les grosses du genre de celles qu'élève Gérard Klein, celui qui fait semblant d'être paysan, qui appelle sa femme la Françoise pour faire comme Paulo, sauf que c'est pas lui qui s'occupe des vaches, parce qu'il n'a pas le temps vu qu'il est à Paris pour tourner des téléfilms d'instituteur très compréhensif avec les enfants autistes et que, pour tous ces bons sentiments, on lui offre 100 000 euros à chaque fois.

Cent mille euros, c'est juste le montant du crédit pour la stabulation que Paulo arrive pas à rembourser.

Alors, Chère Noiraude, je te préviens, en cette année d'élection ils vont tous défiler pour te caresser les fesses, mais le jour où tu en verras un qui n'a qu'un œil comme Hercule, au moment où il mettra la main au cul n'oublie pas de lui laisser le souvenir qu'il mérite.

Et puis, dans quelques jours, tu repartiras dans la vieille camionnette de Paulo. Il clouera sur une poutre de la grange la plaque de couleur en fonte pour le troisième prix, et puis, après avoir lu le courrier qui s'est entassé pendant son absence, il restera un peu près de toi dans la grange pour que la Françoise le voie pas pleurer.

27 février 2002

Lettre aux tendances de Le Pen

Cher Jean-Marie,

La télévision, dans un de ces rapprochements dont elle a le secret, a rendu compte, hier soir au J.T., des visites de Jean-Pierre Chevènement puis de vous-même au Salon de l'agriculture.

Chevènement, l'homme qui parle aux oiseaux comme dans la chanson de Gérard Lenorman, semblait en lévitation permanente. Il faisait face avec une impassibilité impressionnante à toutes les situations, même lorsqu'une dame portée par la foule se retrouva à cinq centimètres de son visage et commença à lui dire : « Moi je suis chiraquienne de naissance, mais là, j'en ai marre de Chirac, cette fois-ci... » La suite paraissait alors prometteuse et Chevènement l'attendait avec impatience, autant vous dire qu'il fut quelque peu déçu puisque, au lieu de finir sa phrase, la dame fut secouée par un rot pantagruélique chargé d'effluves de cochonnailles, de cancoillotte et de vin de Gamay, qu'elle tenta bien, par un réflexe de dignité, de garder en bouche, mais qu'au bord de l'étouffement elle finit par exhaler à bout portant à la face du candidat. Alors, Chevènement démontra qu'il avait la stature d'un homme d'État en concluant, comme si de rien n'était : « Vous avez raison et je serai présent au deuxième tour. »

Pour vous, Cher Jean-Marie, ce fut beaucoup moins serein, malgré votre étrange tenue jaune, jaune « serein » donc, qui ne vous empêcha pas de vivre un véritable chemin de croix.

En effet, le monde agricole, ayant pris conscience des dangers du lisier de porc breton, ne cessa de vous conspuer et les bravos dérisoires de votre garde rapprochée, que vous saluiez à la romaine, comme s'il s'agissait de supporters spontanés, ne purent couvrir les huées et les quolibets de la foule.

Au début, vous avez bien essayé de donner le change en vous esclaffant ostensiblement dès qu'on vous parlait, ce qui était ridicule car on voyait bien que le type à côté de vous disait : « Bon, alors maintenant on va au stand des charolaises », et, là, vous éclatiez de rire comme si un ami vous racontait une bonne blague, alors qu'on sait très bien que vous n'avez pas d'ami.

Et puis, comme à chaque fois, le vernis a commencé à craquer, on a vu vos maxillaires se durcir et votre bouche dessiner ce rictus de haine violente que nous connaissons depuis les images effrayantes où vous éructiez au visage d'un officier de police : « Je m'en souviendrai, monsieur, je m'en souviendrai », et hier, on vous a entendu nettement glisser à l'un de vos sbires sur le même ton : « Ce n'est pas ça l'ordre qu'il faut... Vous verrez. »

Et puis, il y eut une séquence terrible avec la Noiraude (la fameuse Noiraude dont je parlais lundi). Vous vous êtes approché d'elle pour la caresser. La

Noiraude, consciente de votre aversion pour les êtres de cette couleur, refusa votre caresse et s'écarta violemment. À cet instant l'image fut atroce, vous tentiez d'amadouer la bête en lui disant : « T'es belle ! » et tout dans votre visage démentait ce mot, on vous voyait ruisseler de cette sueur malsaine comme du concentré de haine, et plus vous disiez belle, plus la Noiraude se dérobait, et là en vous entendant quasimoder, on constatait que vous révulsiez même les vaches, ce qui est surprenant, par ailleurs, concernant quelqu'un qui a engendré trois blondes de Bretagne.

Je me demandai quel terrible secret cachait la violence qui suinte de votre corps et que même les bêtes ressentent, lorsque soudain j'ai eu l'illumination. Mais c'est bien sûr, cette tenue jaune vif, c'est celle de Zaza Napoli dans *La Cage aux folles*, ce prénom ambigu Jean-Marie, homme devant et femme derrière, cet éclat de rire stupide en permanence pour faire semblant d'être gai, c'est ça, vous êtes gay, vous êtes gay, Jean-Marie, et vous ne voulez pas vous l'avouer, et là tout devient évident, on vous imagine chaque nuit vêtu d'un simple porte-jarretelles chanter *Je suis libertine, je suis une catin.* Ce n'est pas grave, Jean-Marie, il n'y a plus que Mme Boutin pour fustiger l'homosexualité, alors faites votre coming out, reconnaissez enfin que F.N. signifie Folle Nationale, que Yannick Noah vous trouble, et vous découvrirez l'harmonie et la sérénité.

Dans votre visite agricole, hier, une seule femme vous accompagnait, Mme Le Hideux. Un homme suivi en permanence par une femme qui s'appelle Le Hideux ne peut être qu'un gay refoulé.

Cher Jean-Marie, je suis sûr que vous allez être soulagé par cette révélation. Et surtout, maintenant que la France entière connaît votre homosexualité, on va pouvoir apprendre à vous aimer. Vous allez voir, c'est merveilleux d'être aimé.

6 mars 2002

Lettres aux 5 minutes de plus

Encore 5 minutes. Rien que 5 minutes. Normalement, vous vous levez à 8 heures moins le quart, mais aujourd'hui, en entendant le rappel des titres d'Émilie Flahaut, vous avez pensé : non, là, c'est trop, allez, encore 5 minutes sous la couette, juste 5 minutes...

Et pendant ces quelques instants volés, les nouvelles du monde ressemblent à un inventaire à la Prévert. Ramallah en Palestine, Chevènement au cirque... Chirac au Val-Fourré, Jospin à l'atelier, tout ça se mélange dans votre esprit à moitié endormi... Tiens, par exemple, ce nom, Ramallah, c'est plus fort que vous, vous avez honte, mais c'est incontrôlable, un peu comme un fou rire dans un enterrement, mais à chaque fois que vous entendez Ramallah, ça vous rappelle une chanson ridicule des années 70, qui disait : « ramallah bococo ramallah », comment se nommait le type qui chantait ça... ah oui, Afric Simone, et là dans votre demi-sommeil il vous revient des samedis soir devant la télé à regarder « Champs-Élysées » avec Drucker qui annonçait : « Et voici Afric Simone », et l'autre andouille : « Ramallah bococo ramallah », vous vous souvenez même qu'Afric Simone était torse nu et que, pendant le solo instrumental, il soulevait une chaise avec ses dents... et puis votre esprit quitte Afric Simone pour Chevènement. À propos, j'ai vu les images de son meeting à la télé, comme personnalité principale venue le soutenir, il y avait Henri Tisot. Henri Tisot comme personnalité principale, c'est vous dire à quel point ça va mal en ce moment pour Chevènement. Remarquez, Alain Madelin a bien Edwige Antier comme personnalité principale. Pour les plus jeunes d'entre vous, rappelons qu'Henri Tisot fut l'imitateur officiel du général de Gaulle, mais, depuis, il a un peu pété les plombs puisqu'il affirme dialoguer régulièrement avec Jésus ainsi qu'avec le Général. Oui, il fait des conférences à trois. Il a pris le forfait multiconférence de France Télécom.

Mais ce qui intéresse Chevènement, c'est évidemment que Tisot communique avec le Général. Du coup, il lui sert d'interprète.

Par exemple, Chevènement demande à Tisot : « Tiens, interrogez donc le Général sur ce qu'il faut faire en matière de politique étrangère. »

Henri Tisot, après avoir écouté un long moment, l'air concentré..., demande : « Vous êtes sûr, mon général ?... »

Chevènement, inquiet : « Qu'est-ce qui dit, qu'est-ce qui dit ? »

Henri Tisot : « Il dit qu'il faut donner l'indépendance à la Côte d'Ivoire. »

Chevènement, déçu : « Ah bon, bon, ben, demandez-lui ce qu'il faut dire en matière de relance économique... »

Henri Tisot écoute puis, résigné, annonce à Chevènement : « Il dit que la DS19 est la voiture de demain... »

Chevènement : « Bon, ben, demain, on essaiera d'entrer en contact avec Pompidou... »

A y est..., elles sont dépassées les 5 minutes, il est 7 heures 53, tiens, si votre conjoint vous a dit : « Encore 5 minutes », amenez le transistor près du lit et dites-lui : « Ah là là, il faut te lever, il est presque 8 heures, tiens, écoute, c'est l'édito de Pierre Lemarc ; (GC imite Pierre Lemarc) "Même si l'on peut dire que tous ses objectifs n'ont pas été atteints, on ne peut pas considérer que le bilan du Premier ministre soit négligeable, quant au chef de l'État, même si sa réussite n'a pas été totale, il serait injuste de lui nier des succès substantiels, le débat qui s'annonce promet d'être équilibré, et si le président est déterminé, Lionel Jospin ne l'est pas moins..." »

Bon, cette fois-ci, il faut vous lever, car Pierre Lemarc, le vrai, est déjà là, quant à moi, pour être honnête, j'avais décidé d'écrire à l'atelier de Lionel Jospin une lettre brillante dans laquelle j'aurais stigmatisé les publicitaires imbéciles qui trouvent que Q.G. de campagne ça sonne trop militaire, sans se rendre compte qu'atelier ça fait papy qui bricole, mais, au moment de me lever, je me suis dit : Encore 5 minutes...

6 mars 2002

Lettre
à un moment d'égarement

Nous connaissons tous ces moments où, sans raison apparente, nous nous mettons soudain à dire n'importe quoi.

Ces jours-ci, nous avons été gâtés en moments d'égarement.

Tiens, au hasard, Lionel Jospin.

Bon, alors, cette fois-ci, ça y est, nous savons tous désormais quel est le point faible du Premier ministre. Ce sont les retours de voyage en avion.

Il faut dire que les voyages en groupe incitent bien souvent au délire et à ces fameux moments d'égarement.

Souvenez-vous, lorsque nous étions enfants, au retour de colonie, nous nous précipitions à l'arrière du car pour faire les andouilles, chambrer le chauffeur et les moniteurs et brailler des chansons de cul. On ne sait pas pourquoi, c'est comme une ivresse, il paraît qu'au retour d'un congrès du Medef, Jean-Marc Sylvestre, coiffé d'un bob sur lequel était écrit *I love cash-flow*, Jean-Marc Sylvestre, saisi par cette euphorie des transports, se mit soudain à hurler : « J'emmerde la mondialisation », eh bien, Jospin, c'est pareil, à chaque retour de voyage officiel, c'est la même chose, il va s'installer au fond de l'avion et il pète les plombs.

Le rituel est immuable. Il commence par chanter *Plus vite pilote*, ensuite, comme ça fait rire Hollande, il s'enhardit et, profitant du sommeil de son chef de cabinet, il décide de lui faire une bite au cirage, puis c'est l'escalade et il finit par dire des conneries aux journalistes.

On se souvient tous de ce voyage au Japon où il assura qu'il était un austère qui se marre. Faut-il qu'il ne soit pas dans son état normal pour dire ça...

On se souvient également de son retour du Brésil où il incendia une journaliste de France 2.

On se rappelle enfin un voyage à Nantes au retour duquel il se mit à chanter *En revenant de Nantes* justement...

Les raisons de ces moments d'égarement sont multiples. Tout d'abord, il y a les effets conjugués de la fatigue et du quart de vin de Corbières du plateau-repas.

Et puis, il y a le surmenage. Les nerfs qui lâchent. Vous allez me dire, ben oui, mais il revenait de la Réunion, la Réunion c'est magnifique, le soleil, le rhum, les métisses bronzées, ça aurait dû le détendre.

Le problème, c'est qu'il n'y est pas allé tout seul, à la Réunion. Il avait emmené Sylviane. Eh oui, y avait bien le soleil, le rhum, les métisses bronzées... mais il y avait aussi Schopenhauer...

Normalement, elle ne le suit pas dans sa campagne présidentielle, mais là, elle lui avait dit : Tiens, je vais t'accompagner, j'en profiterai pour relire les épreuves de mon nouvel essai intitulé *Réflexions sur le temps, la pensée rationaliste et les moules marinières.*

Pour vous donner une idée, vous vous souvenez l'autre soir, Sylviane Agacinski au journal de Claire Chazal. Vous avez vu dans quel état nous nous trouvions après l'avoir écoutée dix minutes. Alors imaginez le Premier ministre qui vient de l'écouter pendant deux jours. Il a besoin de décompresser, c'est bien normal.

Pourquoi dans l'avion ? me direz-vous. Parce que Sylviane dort. Dès que l'hôtesse enlève le plateau-repas, elle met son siège en position couchette et s'endort.

Jospin, qui, pour fayoter, faisait semblant de lire les épreuves de *Réflexions sur le temps, la pensée rationaliste et les moules marinières*, attend qu'elle dorme profondément, et dès qu'elle ronfle, oui, parce que Sylviane ronfle à cause de ses végétations, à chaque fois, le pilote croit qu'un moteur a des ratés, il lance un signal de détresse mayday, mayday, le copilote lui dit : « Non, c'est Spinoza qui ronfle. » Elle ne veut pas se les faire enlever parce qu'elle est écolo. On ne touche pas aux végétations...

Donc, dans ce vol de retour de la Réunion, Jospin a attendu que Sylviane dorme. Pour la tester il a dit : « Si tu savais comme la philo m'emmerde », et, comme elle continuait à vrombir, il a fait : « yes », en serrant le poing et a rejoint les journalistes à l'arrière. Il était tellement heureux de ce moment de liberté qu'il ne se contrôlait plus, il a commencé par péter très fort, puis, comme les autres l'encourageaient en riant, il a balancé la fameuse phrase sur l'âge du capitaine.

Et là, ça y est. Chirac, qui était à la ramasse,

devient soudain sympathique, exactement comme lorsque les Guignols l'ont montré avec les poignards de Balladur et de Sarkozy dans le dos.

À partir d'aujourd'hui, il n'a plus rien à faire, juste à la jouer martyr, juste à pencher la tête comme le fait si bien Douste-Blazy quand il feint la compassion, et il ne peut plus rien lui arriver.

À moins que Devedjian n'ait un moment d'égarement.

14 mars 2002

Lettre à Martinot

Cher Monsieur Martinot, cher congelé,

Hier, le tribunal de grande instance de Saumur a ordonné votre décongélation et votre inhumation ainsi que celle de votre épouse. Rappelons que vous êtes tous les deux cryogénisés dans la cave de votre château familial, vous, Martinot, depuis quelques mois, votre épouse depuis dix-huit ans, en attendant que les progrès de la science permettent dans le futur de vous ranimer en pleine forme.

Un peu comme dans le film *Austin Power*, et justement, c'est idiot, mais en entendant votre histoire, j'ai immédiatement pensé à l'interminable pipi qui suivrait votre réchauffement.

Je rigole, mais je crois à cette méthode. En effet, ici même, à la Maison de la Radio, nous avons congelé il y a dix-huit ans, tiens, comme votre épouse, une personne que nous aimions beaucoup ainsi que son chien. Chaque soir, nous procédons à une vérification de leurs circuits vitaux, en les réchauffant un bref instant, la personne dit : « Bonsoir, c'est Macha », le chien fait quelques crottes, alors, on est rassuré et on les remet au congélo jusqu'au lendemain.

Sérieusement, Martinot, vous avez pensé que,

comme cette technique était courante aux États-Unis, il n'y avait aucune raison pour que vous n'en fassiez pas autant. Le problème, c'est que les Américains font ça dans des laboratoires de stockage sophistiqués, aseptisés, alors que vous, Martinot, après avoir vu, hier à la télé, le reportage vous concernant, laissez-moi vous dire que je suis sceptique sur le respect de la chaîne du froid.

Déjà, on a des doutes lorsqu'on voit la cave où vous vous trouvez. Quand je dis la cave, il s'agit d'un débarras en sous-sol, avec, dans un coin, une table de ping-pong, du matériel de pêche, une tondeuse rouillée et quelques guirlandes qui sont restées depuis le jour de l'an, oui, votre famille a décidé de réveillonner dans cette pièce parce que, l'année d'avant, ils avaient fait ça dans le salon d'apparat, tonton Raymond avait renversé du mousseux pendant la danse des canards et on n'avait pas pu ravoir la moquette. Donc, cette année, ils ont fait la fête dans la cave en repoussant contre le mur les deux congélateurs sur lesquels on a posé une rose en faïence juste à côté de l'étiquette du contrat de confiance Darty. À la télé, on a vu aussi cette pancarte où est inscrit : « En cas de coupure de courant, merci d'appeler E.D.F. Secours ». Vous imaginez, « Allô, l'E.D.F., dites-moi, on a une panne de courant au château, si vous pouviez faire vite, mémé est en train de décongeler ».

L'agent de permanence au bout du fil : « C'est ça, c'est ça, et moi j'suis le pape... »

On reconnaît le congélateur de votre épouse au fait qu'au bout de dix-huit ans les joints de caoutchouc sont détériorés, alors l'ouvrier d'entretien du château l'a fermé avec des sangles de déménageur. Malgré tout, ça bâille.

Ça bâille parce que ces congélos sont ouverts et refermés très souvent. Il faut dire que la famille, pour rentabiliser l'investissement, remplit l'espace disponible à chaque livraison de Picard surgelés. Par exemple, en ce moment, un sac de pommes noisettes sert d'oreiller à Mme Martinot, quant à vous, Monsieur Martinot, on a calé votre corps grâce à des filets de flétan.

Je ricane, je persifle, j'ironise, Martinot, mais, en ces temps tourmentés, nous rêvons tous de congélation, tiens, si on congelait le conflit israélo-palestinien en attendant de trouver une solution, si on congelait Chevènement, non, il y est déjà..., si on congelait les barbares d'Évreux ou d'ailleurs, en attendant de trouver des solutions autres qu'électoralistes et, tant qu'à faire, si on congelait tous les cons en attendant de trouver le vaccin.

Malheureusement, ça c'est pas possible, car si on congelait les cons, Darty serait en rupture de stock.

Alors en attendant d'être congelés... il nous reste une solution... soyons transis... d'amour...

15 mars 2002

Lettre à la pièce 6258

Il existe, au sixième étage de la Maison de Radio France, un bureau oublié. La pièce 6258. On l'appelle la pièce maudite. Ceux qui, par hasard, passent devant, pressent le pas et se signent furtivement, d'autres caressent une patte de lapin.

La porte de la pièce 6258 est toujours close, la dernière fois où elle s'entrouvrit ce fut pour laisser sortir un envol de chauves-souris.

Sur cette porte est écrit : *Atelier de création radiophonique de France Culture.* La légende raconte que, dans cette pièce, vivent quelques bougres hagards, des sans-abri logés là par André Malraux en 1965. On suppose qu'ils sont encore vivants, car l'assiette de soupe que les agents de sécurité déposent chaque soir devant la porte est vide le lendemain matin.

Ils sont vivants, certes, mais, avec les années, ils sont devenus complètement fous, ainsi que le prouve le programme de leurs émissions que je tiens absolument à faire partager aux auditeurs du 7-9. Évidemment, ce programme est authentique, sinon, ça n'aurait pas de sens, de toute façon, vous allez voir, on ne peut pas inventer un truc pareil... bon, eh bien, j'y vais, et surtout... bonne chance à tous...

Dimanche 17 mars de 22 h 45 à 24 heures, la

pièce 6258 nous propose une Carte blanche à Zibigniew Karkowski. Et là, je dis, enfin, il était grand temps que Zibigniew Karkowski ait sa Carte blanche sur nos antennes.

D'aucuns me rétorqueront que le dimanche à 11 heures du soir, avec la semaine de boulot qui s'annonce, la première chose qui vient à l'esprit n'est pas forcément d'écouter la Carte blanche à Zibigniew Karkowski sur France Culture. Eh bien, vous avez tort. Car voici en quoi elle consistera et vous allez voir que ça donne envie. Je lis le programme. Depuis le studio 119 de la Maison de Radio France, Zibigniew Karkowski tentera d'approcher les systèmes électromagnétiques en lien avec les divers niveaux de la conscience humaine. Alors, c'est pas excitant ça ?... Mais écoutez la suite... L'idée de Zibigniew est de capturer des voix au moyen de micros ouverts – et là je dis que Zibigniew est très fort, oui, parce que, longtemps, il a essayé de capturer des voix avec le micro fermé, le résultat était décevant, et Dieu merci, il a persévéré.

... Donc, capturer des voix au moyen de micros ouverts et de la radioactivité statique pour tenter d'entrer en communication avec le monde de l'au-delà... Vous voyez que Zibigniew ne se fout pas de la gueule du monde, il va parler aux morts, peut-être même que Chevènement va venir... mais revenons au programme...

Alternant les infrabasses à peine audibles (exemple d'infrabasses à peine audibles : « Bonsoir, c'est Macha ») et les ultrasons à vous rouler par terre, les tympans en sang, Zibigniew Karkowski va s'acharner à produire de la non-émotion concentrée, et de l'information digitale reconfigurée, poussée dans ses derniers retranchements.

Vous voyez, Paoli, vous vouliez aller vous coucher dimanche à 11 heures, mais là, les infrabasses à peine audibles et les ultrasons qui font saigner les tympans, avouez que c'est tentant.

Je passerai rapidement sur le C.V. de Zibigniew. Sachez juste qu'il rejoint au début des années 80 un groupe d'artistes réunis autour du label Radium de Gothenburg. À partir de 1985, il étudie la composition avec Edlund, Bo Holten et Lars Johan Werle puis, après avoir étudié la sonologie avec entre autres Klarenz Barlow, il rejoint Konrad Boehmer et Stan Templaars au conservatoire de musique de La Hague. La Hague. À mon avis, c'est là qu'il a dû être irradié.

Vous allez me dire, certes le programme de ce dimanche est alléchant, mais, la semaine suivante, ne risquons-nous pas d'être déçus ? Pas le moins du monde car, le dimanche 24 mars, l'invité sera André Minvielle et son atelier vocalchimiste qui interpréteront, je vous jure que c'est vrai, une liste de courses pour cuisine. Le type viendra nous lire Sopalin, tomates, ketchup, surtout n'oublie pas de téléphoner au monsieur pour la machine à laver.

Voilà, vous avez compris pourquoi la pièce 6258 est une pièce maudite. Alors, chers auditeurs, envoyez-leur des colis, de la nourriture, des disques de Michèle Torr.

À l'adresse suivante : Atelier de création radiophonique de France Culture.

Pièce 6258, 116 avenue du Pdt-Kennedy 75220 Paris Cedex 16.

D'avance merci.

26 mars 2002

Lettre au 22 à Kaboul

Hier, un article du *Parisien* nous apprenait que les stations d'écoutes téléphoniques anglo-américaines avaient localisé le téléphone du portable de Ben Laden, dont voici le numéro : 00 873 682 505 531... Bon, ne vous précipitez pas sur le téléphone, le numéro a été réattribué depuis, et du coup, vous allez déranger un pauvre gars de Kaboul qui est harcelé de faux appels depuis hier, d'ailleurs, il paraît que c'est une boucherie, sans doute la boucherie Sanzot, la boucherie hallal Sanzot.

On le sait trop peu, mais les services secrets français ne sont pas en reste dans le domaine des écoutes puisqu'ils ont localisé, quant à eux, le téléphone fixe du mollah Omar, dont je suis en mesure de vous révéler le numéro, il s'agit du 22 à Kaboul.

J'ai même réussi à me procurer les enregistrements des conversations téléphoniques du mollah, dont voici la transcription.

Ah oui, une dernière précision, vous verrez, on parle dans ce compte rendu de M. Marcel. Il s'agit évidemment du mollah Omar, mais Omar était son nom. On dirait le titre d'un spectacle de Robert Hossein : Omar était son nom et Marcel son prénom...

Voici donc le détail des appels émis par le 22 à Kaboul :

11 septembre 2001 : communication avec la supérette Safar de Kaboul, au cours de laquelle M. Marcel Omar, affirmant qu'il a un quelque chose à fêter, commande plusieurs bouteilles de champagne sans alcool haut de gamme (oui, c'était de la Veuve Massoud, ah ça, il s'embêtait pas le mollah), dans la commande figurent également des cotillons et des olives avec les petits trucs rouges dedans pour manger avec le champagne.

27 septembre : communication avec le magasin Optic 2000 de Kaboul au cours de laquelle M. Marcel Omar demande dans quels délais on pourrait lui réaliser un nouvel œil de verre, ayant l'intention d'offrir le sien au général Aussarès en gage d'admiration.

8 octobre : communication avec le concessionnaire Motobécane de Kaboul au cours de laquelle M. Marcel Omar sollicite un rendez-vous pour une révision générale de sa mobylette de marque Flandria. Le chef d'atelier lui ayant répondu qu'il n'a pas le temps en ce moment et qu'ils sont débordés avec les fêtes de l'Aïd el-Kébir. Après une conversation courtoise au cours de laquelle Marcel Omar promet le pal au réparateur, ce dernier lui dit que finalement, suite à un désistement, il peut le prendre de suite.

19 octobre : l'intéressé téléphone à une amie pour lui annoncer qu'elle va jouer au théâtre de l'Athénée une pièce intitulée *Un pyjama à l'Élysée* avec Henri Guybet et Patrick Topaloff. » (Oui, alors là, après enquête, il s'avère que les services secrets français ont commis une confusion dans les cassettes puisqu'il s'agit de l'enregistrement d'une conversation de Mme Marthe Mercadier, une écoute ordonnée, vous vous en souvenez sans doute, et c'est authentique, par le président Mitterrand. C'est vous dire si, sur la fin, il n'avait plus sa tête, tonton, pour mettre sur écoute Marthe Mercadier...)

5 novembre : très long appel nocturne à une correspondante non identifiée à laquelle le mollah Marcel fait part de sa déprime. Son interlocutrice usait d'un nom de code puisqu'elle lui dit : « Bonsoir, c'est Macha », et sa voix était déformée, car, physiologiquement, aucune femme ne peut avoir une voix si grave.

18 novembre : appel à la société Jambalaises pour savoir si les bas à varices sont arrivés, ah ben, zut, là aussi c'est Marthe Mercadier.

20 octobre : le mollah Omar téléphone à l'agence Reuter pour lire un communiqué dans lequel il affirme qu'il luttera jusqu'à la mort.

20 octobre toujours : dix minutes après, appel au concessionnaire Motobécane pour dire qu'il passe tout de suite prendre sa mobylette...

Et voilà, vous connaissez le slogan : Le malheur, c'est simple comme un coup de fil...

4 avril 2002

Lettre à Velux, marque déposée, suivie d'un petit r dans un rond

Mme Caroline C. est la responsable du service communication de la Société des fenêtres de toit Velux, marque déposée, suivie d'un petit r dans un rond.

Chère Madame,

Vous avez écrit à Jean-Luc Hees, directeur de France Inter, pour vous plaindre que, dans sa revue de presse, Yves Decaens, suite aux événements de Nanterre et du quai des Orfèvres, ait employé à maintes reprises le terme Velux tel quel [1]. Mais quel ignare...

Dans votre courrier, vous précisez avec beaucoup de délicatesse que votre devoir est de défendre votre marque déposée, et vous nous demandez, lorsque nous citons votre société, de préciser la mention « fenêtre de toit Velux marque déposée, ® ».

À ce stade de ma lettre, il est nécessaire de rappeler aux auditeurs qu'avant-hier la France, sous le choc de la tuerie de Nanterre et de la défenestration

1. Authentique.

de Richard Durn, communiait dans la douleur, et qu'au moment même où l'on voyait à la télé des gamines pleurer leur prof de français abattu, vous, Madame Caroline C., dans un bureau de la Société des fenêtres de toit Velux marque déposée, suivie d'un petit r dans un rond, vous dictiez ce torche-cul à votre secrétaire, en osant employer le mot devoir.

Alors, puisque vous semblez tenir à ce qu'on parle de la fenêtre de toit Velux marque déposée, suivie d'un petit r dans un rond, nous allons en parler.

Tout d'abord, laissez-moi vous dire que je déteste les fenêtres de toit Velux marque déposée, suivie d'un petit r dans un rond. Je trouve ça très laid. Ça défigure les toits des maisons de nos campagnes où les beaufs transforment des greniers sombres, où les enfants cachaient leurs trésors, en chambres d'amis éclairées grâce à vos fenêtres de toit Velux marque déposée, suivie d'un petit r dans un rond.

Et nous, le week-end, quand on est invité dans ces maisons de campagne, et qu'on couche la nuit dans ces chambres d'amis, on ne ferme pas l'œil de la nuit à cause du bruit de l'eau qui goutte de cette putain de fenêtre de toit Velux marque déposée, suivie d'un petit rond, et on se retrouve, les yeux ouverts, à 6 heures du matin, immobiles dans nos lits d'appoint, à regarder un rectangle de ciel gris découpé par votre fenêtre de toit Velux marque déposée, suivie d'un petit r dans un rond, sans oser bouger pour pas faire de bruit et réveiller nos hôtes dont la chambre est juste en dessous, alors qu'on a une terrible envie de pisser. On reste là, à guetter les premiers signes d'activité de la maison, et dès qu'on entend des bruits de bols, on descend dans la cuisine, où on fait semblant d'être joyeux : bonjour, vous avez bien dormi : « oui, super... »

Et là, on prend le beurre dans le frigo et on s'installe à la table en formica pour déjeuner.

Ouh là, non, excusez-moi, on prend le beurre dans le réfrigérateur Frigidaire marque déposée, suivie d'un petit r dans un rond, et puis on s'installe pour déjeuner sur une table en stratifié Formica marque déposée, suivie d'un petit r dans un rond.

Voilà, chère Caroline C., responsable de la communication de la Société des fenêtres de toit Velux marque déposée, suivie d'un petit r dans un rond, mais, au-delà de sa bêtise, votre courrier aura au moins un mérite. Il permettra aux quelque deux et demi pour cent de Français qui voulaient voter Madelin d'avoir un exemple de ce qu'il nous propose.

Et puis, si ça se trouve, le prof de français tué à Nanterre n'avait même pas appris à ses élèves qu'on doit dire, lorsqu'on parle de ces merdes qui défigurent les toitures d'ardoise, « fenêtres de toit de marque déposée, suivie d'un petit r dans un rond ».

Grâce à vous, Madame C., même si leur prof est mort, les enfants sauront.

Je vous remercie pour votre œuvre pédagogique.

5 avril 2002

Lettre au camarade Robert

Cher Robert Hue,

Avant hier, vous êtes arrivé seul, tout seul, au petit déjeuner de France Inter. Habituellement, les candidats sont accompagnés, soit d'une attachée de presse qui croise ses jambes très haut, et dont on imagine, au hasard d'un regard empreint de gratitude que lui lance l'homme politique, qu'elle porte ces sous-vêtements de soie qu'ils ont achetés ensemble lors d'un voyage d'études du conseil général aux Seychelles. D'autres fois, l'homme politique est accompagné d'une attachée parlementaire, chignon et pantalon, là, c'est boulot-boulot, la fille est une bosseuse, on la devine Sciences-po et *Monde diplomatique*. L'homme politique l'appelle par son nom, alors, Mesnard, vous avez préparé mes fiches... et pendant toute l'interview, elle reste dans son champ de vision en hochant la tête pour le rassurer... d'autres, enfin, viennent accompagnés d'une personnalité qui les soutient.

Bon, vous, cher Robert Hue, les deux personnalités qui vous soutiennent sont Frédéric Beigbeder et Gérard Miller, autant vous dire qu'ils ne risquaient pas d'être là à 7 h 30. Gérard Miller, lui, vous avait promis qu'il passerait, ensuite il s'est renseigné pour savoir si la télé venait filmer, lorsqu'on lui a répondu que non, il s'est rendormi aussitôt. Quant à Beigbeder, il vous avait demandé de le réveiller, mais, à l'heure du petit déjeuner de France Inter, il venait juste de se coucher en compagnie d'une demi-pute, et le téléphone a sonné en vain sur la table de nuit, juste à côté d'une coupe de champagne à moitié vide dans laquelle flottait un serpentin.

Pourquoi le cacher, Cher Robert, je vous aime bien car j'ai grandi à Argenteuil, ville ouvrière de la banlieue rouge. Je me souviens que nos parents votaient toujours pour de Gaulle au plan national mais communiste aux municipales. Y avait la colo, à Saint-Hilaire-de-Riez on nous distribuait le journal *Vaillant*, avec Pif le chien et Pifou qui disait « pas glob » quand il n'était pas content..., et puis, il y avait cette plaque dans le hall de la colo, où étaient gravés les derniers mots de Gabriel Péri juste avant d'être exécuté par les nazis, cette phrase impressionnante : « Je m'en vais préparer les lendemains qui chantent... » Pourquoi les hommes politiques ne nous disent-ils plus qu'ils veulent nous préparer des lendemains qui chantent ?

Et puis, en grandissant, malgré les Who à la fête de *L'Huma*, nos chemins se séparèrent, parce qu'il y avait le reste.

Le reste, c'est ce que Marchais appelait le bilan globalement positif, en fait la honte globalement communiste, le goulag, que la chanteuse Nicoletta appelle le goulash, c'est vrai, à cette antenne elle a déclaré : « Moi, je n'oublie pas que c'est les communistes qui ont inventé le goulash », remarquez, c'est peut-être vrai aussi...

Alors, pour faire oublier le goulash, Cher Robert, vous en avez fait des tonnes. Vous avez organisé des rave-parties place du Colonel-Fabien, des défilés pour des fringues à la mode cousues par des mineurs pakistanais, vous êtes allé chez Drucker reconstituer le groupe de rock de vos débuts et chanter : « Oh, Daniela, l'amour n'est qu'un jeu pour toi... »

Robert, quand Gabriel Péri parlait des lendemains qui chantent, ces fameux lendemains ne chantaient pas : « Oh, Daniela, l'amour n'est qu'un jeu pour toi. »

Et puis, aujourd'hui, Miller et Beigbeder, qui sont les derniers gadgets pathétiques du P.C. pour essayer de se maintenir au-dessus des 5 %... 5 %, c'est un chiffre qui doit faire mal aux vieux militants qui vendaient *L'Huma dimanche* au marché d'Argenteuil, en canadienne et la gauloise au bec...

Pourtant, Cher Robert, vous êtes un honnête homme. J'ai regardé un reportage sur votre intérieur à Montigny-lès-Cormeilles. C'est simple, et pas de bon goût, et justement c'est ça qui est rassurant. On voit, sur la table de la salle à manger, une toile cirée façon provençale : poivrons, aubergines et tomates et au milieu un saladier avec quelques fruits. Une golden, deux bananes qui commencent à noircir et une orange. On devine que vos provisions de bouche, c'est 4 000 comme Chirac, mais vous c'est par mois, pas par jour.

Pourtant, l'autre jour, à Argenteuil, la ville dont vous êtes le député, c'est Chirac qui est venu faire semblant de s'intéresser aux problèmes de la banlieue. Ensuite, il a déjeuné dans une brasserie, boulevard Lénine, avec des jeunes... R.P.R...

Chirac, boulevard Lénine à Argenteuil, en voyant ces images à la télévision, j'ai cru entendre Pifou qui disait : « Pas glob, pas glob du tout... »

9 avril 2002

Colis pour Papon

Monsieur Papon,

Autant vous le dire tout de suite, vous m'avez mis de fort mauvaise humeur. Car, compte tenu de l'actualité, j'avais décidé d'écrire aujourd'hui une lettre légère.

Tiens, par exemple, j'aurais pu écrire aux garçons coiffeurs qui ont défilé dans les rues de Paris hier après-midi, pour leur dire que, franchement, une manifestation de coiffeurs, on n'y croit pas, ça ne fait pas sérieux, de toute façon dès qu'on voit un coiffeur, on pense à ce moment terrible où il passe le miroir derrière notre nuque et où on dit : « Oh très bien », alors qu'on est atterré parce qu'on lui avait bien dit de ne pas couper trop court et que, dans son miroir, on voit apparaître une bande de peau blanchâtre.

Bien sûr, je comprends que les coiffeurs aient choisi la période des présidentielles pour lancer leur action, mais les candidats n'ont aucun intérêt électoral à leur donner satisfaction... à moins, à moins et c'est ça qu'ils auraient dû choisir comme moyen d'action, à moins qu'ils ne fassent la grève des teintures... et qu'on voie enfin Chirac avec ses vrais cheveux blancs, pour le coup, y aurait pas que dans les avions qu'on le trouverait vieilli, et qu'ils cessent de faire à Jospin ce rinçage blanc avec des reflets bleus de mamy dans un gala de Pascal Sevran...

J'aurais pu écrire également ce matin à notre ami le mollah Omar qui va mieux, oui, il s'était fait mordre au mollet par un chien en entrant dans une ferme pakistanaise en tenant sa mobylette à la main pour cause de panne d'essence, les chiens et les dindons l'avaient attaqué, il cicatrise mal, et il a longtemps souffert du mollet Omar, mais là il va mieux puisqu'il vient d'envoyer des mails belliqueux au président Bush...

Mais, mon pauvre Omar, c'est comme les garçons coiffeurs, ça le fait pas, tu peux envoyer tous les mails que tu veux, on n'y croit pas, Ben Laden, là on y croit, cette allure, cette impassibilité souriante qui nous inquiète, mais toi, mollah Omar, avec ton nom ridicule, ton œil de verre, ta mobylette et ta bande Velpeau autour du mollet, tu peux écrire : « Je suis le mollah Omar, et je déclare la guerre à l'Amérique »... ça le fait pas... Tiens, tu devrais aller manifester avec les garçons coiffeurs... On devrait regrouper toutes les manifs qui le font pas...

Voilà, avec des choses comme ça, on aurait pu s'amuser ce matin et au lieu de ça, Papon, tu m'obliges à t'écrire.

Parce qu'il faut bien le dire, on pensait plus trop à toi, on commençait à t'oublier, on se disait : papy Papon en a pris pour dix piges, il va mourir en prison, c'est la moindre des politesses pour un enfoiré de son espèce, et voilà qu'on apprend ces jours-ci que tu attaques en justice l'État français, c'est-à-dire nous, pour qu'on paie à ta place les 700 000 euros de dommages et intérêts aux victimes auxquels tu as été condamné en plus des dix ans de prison.

Tu peux dire que tu nous auras tout fait, enfoiré...

Déjà, avant le procès, tu as commencé par nous jouer la dame aux camélias, oh, mon Dieu, je suis malade, et pendant ce temps-là, tu allais t'empiffrer d'écrevisses à la nage dans un Relais et Château bordelais.

Et puis tu as exigé d'être libéré compte tenu de ton âge, du genre : regardez je suis si vieux, j'ai ma couche Libbra et j'ai plus bandé depuis Charonne...

Charonne, mais ça doit être ça qui te requinque, tu as entendu à la radio que les massacres de Sharon se poursuivaient et tu as cru qu'on parlait de la station de métro Charonne où tu fis tuer des manifestants anti-O.A.S... Ariel Sharon, pour toi, c'est une lessive qui nettoie une station de métro, on a les évocations phonétiques qu'on peut, par exemple, nous c'est le mot charogne qui fait penser à Papon...

Et puis des synagogues qui brûlent, ça aussi, ça doit te ragaillardir... mais quand même, oser demander qu'on paie à ta place sous prétexte que tu n'étais qu'un fonctionnaire très con qui exécutait les ordres de Vichy. Dans ton cas, Papon, la connerie, c'est un crime.

Alors puisque tu tiens à ce que la France te rembourse, je vais faire quelque chose pour toi, on te rembourse, mais en étoiles jaunes, je sais que ça te fera plaisir, alors je demande aux auditeurs de découper une étoile dans un tissu jaune et de l'envoyer à :

Maurice Papon opération : Une étoile jaune pour l'enfoiré. Prison de la Santé, Paris.

Allez-y, submergez-le d'étoiles jaunes mais n'envoyez pas de somnifères, sa conscience ne l'empêche pas de dormir...

10 avril 2002

Lettre à la maman d'Émilie Flahaut

Madame,

Votre fille présente habituellement le journal de 7 h 30 et je profite de son absence aujourd'hui pour vous écrire car je vous dois un aveu : chaque matin, en écoutant Émilie, je pense à vous, et je me dis que, pour une mère, entendre sa fille raconter toutes les horreurs du monde doit constituer une épreuve particulièrement pénible.

Précisons d'entrée pour nos auditeurs que votre fille est très jolie. On imagine que vous en êtes fière, d'autant plus fière qu'elle présente je l'ai dit le journal de 7 h 30, heure à laquelle une majorité d'auditeurs s'éveille.

D'ailleurs, l'autre jour, Madame Flahaut, alors que vous faisiez la queue à la boulangerie, Mme Foucart parlait d'une nouvelle qu'elle avait entendue aux informations de 7 h 30 sur Paris Inter, oui, Mme Foucart dit encore Paris Inter, vous avez lancé avec enthousiasme : « Ah, mais vous savez, c'est ma fille qui présente ce journal. »

À cet instant, dans cette boulangerie dunkerquoise, le temps s'est arrêté. Tous les regards des clients se sont tournés vers vous, et vous lisiez dans leurs yeux une admiration envieuse, à la limite de la jalousie. Mme Berthon-Maillard, qui jusqu'à présent était la star du quartier sous prétexte qu'elle avait une collègue à la Sémap qui connaissait l'oncle de Delphine du Loft, mais qui n'en parlait plus, vu qu'à chaque fois que les gens lui demandaient : mais Delphine, c'est laquelle ? elle était bien obligée de répondre : c'est celle qui a demandé c'est ki ka pété ?... et à la longue, les gens disaient : « Voilà la dame qui connaît quelqu'un qui connaît la fille du Loft qu'a dit c'est ki ka pété. » Ça finissait par être humiliant, alors que vous, Madame Flahaut, lorsque vous avez annoncé que votre fille présentait le journal, il y eut d'abord un grand silence impressionné, puis les questions fusèrent. Est-ce qu'elle connaît Louis Bozon, est-il vrai que Jean-Marie Cavada porte une moumoute, et Olivier de Rincquesen est-il ce grand jeune homme brun que sa voix laisse deviner ? Vous avez répondu que, oui, Émilie connaît Louis Bozon et même Josée Gorce, que, oui, le président Cavada porte un complément capillaire, mais qu'en revanche Olivier de Rincquesen ressemble au Père Dodu, et c'est là que la perfide Mme Berthon-Maillard qui ne pipait mot, vous sentiez bien qu'elle préparait une infamie, la perfide Berthon-Maillard finit par vous dire : Moi j'aimerais pas que ma fille raconte toutes ces horreurs qu'on voit maintenant...

Là, vous vous êtes tue car elle avait touché juste. Vous non plus, vous n'aimez pas qu'Émilie raconte toutes ces horreurs qu'on voit maintenant.

Car, pour vous, c'est encore une petite fille, vous vous souvenez de ces vacances au Touquet où elle avait gagné un concours de château de sable au club Mickey comme si c'était hier...

Et, chaque matin, vous vous demandez comment elle trouve la force de relater les carnages de conseils municipaux, les violeurs d'enfants, les femmes palestiniennes qui se font exploser, les agriculteurs bretons avec des kalachnikovs.

Eh bien, Madame, rassurez-vous, pour nous, autour de cette table, c'est pareil. Je vous raconte. Elle arrive au dernier moment, vers 7 h 27, pressée et préoccupée, pourtant, dès son entrée dans le studio, c'est comme si on entendait le clapotis des vagues et le cri des mouettes, puis elle vérifie son micro, et dès que Stéphane Paoli annonce : « France Inter, il est 7 h 30, le journal, Émilie Flahaut », elle penche la tête vers le micro et dit bonjour en souriant. Ce sera son seul sourire, puisque, ensuite, il lui faut égrener la litanie de la folie humaine.

Nous, autour de la table, nous sommes comme vous, on a mal pour elle, on pense : elle est trop fragile pour dire ça...

Il faudrait amener dans le studio tous les tueurs en puissance, les kamikazes, les futurs violeurs, les salauds, les crozemaries, les cyniques, les corrompus, et qu'on leur dise : regardez, c'est Émilie Flahaut, vous voyez, c'est elle qui à 7 h 30 révélera vos prochaines ignominies, je suis sûr qu'ils renonceraient à leurs projets infâmes.

Et ce jour-là, pour le coup, Madame Flahaut, vous pourriez être tellement fière de votre fille.

11 avril 2002

Lettre aux portables

Chers Téléphones portables,

Il y a longtemps que je voulais vous écrire. Je ne l'ai pas fait plus tôt parce que c'est devenu une banalité de dire à quel point vous nous pourrissez la vie.

Et puis, il y a tant de symboles dans la façon dont on vous utilise. D'abord, le mépris.

Double, le mépris. Je vous explique. Vous déjeunez avec un ami. Son téléphone portable est là, sur la nappe, à droite du couteau à poisson, oui, parce que bientôt ça va devenir une règle qu'on apprendra à l'école hôtelière. Le portable se pose à droite du couteau à poisson... Donc votre ami a posé son portable sur la nappe... allumé. Déjà, c'est peut-être pas tout à fait un ami. Mais admettons. Soudain son téléphone sonne. Il regarde le numéro qui s'affiche et, tel un empereur romain, décide soit de lever le pouce et de prendre la conversation, et donc de vous mépriser, soit d'envoyer son correspondant vers sa messagerie et donc de LE mépriser. S'il choisit de prendre l'appel, il vous dira : « Ah, excuse-moi, c'est important. »

Mais non, connard ! tu es assis en face d'un ami, y a rien de plus important.

Pendant qu'il parle, vous, vous êtes gêné, vous

regardez ailleurs, vous faites semblant de vous intéresser à la carte, mais vous entendez forcément votre ami dire « au restaurant ». Là vous réalisez que l'autre lui a posé la question qui tue, à savoir : « T'es où ? ».

Et puis, il y a les sonneries.

En matière de sonnerie, le con est aisément repérable à la prétention de sa sonnerie. Vous avez ceux qui ont choisi la *Petite Musique de nuit* de Mozart, parce qu'ils pensent que ça fait cultivé... Alors que, par un étrange paradoxe, un type qui a choisi un air classique comme sonnerie de portable, n'est pas mélomane.

C'est comme les répondeurs. Vous avez ceux qui veulent à toute force vous faire comprendre qu'ils sont mélomanes et qui vous balancent l'*Adagio* d'Albinoni, mais comme ils n'ont pas synchronisé le truc, ça décroche et comme il y a un silence vous commencez à parler, oui, c'est moi... et là... tou... tou... tou... tou... tou... en plus, à chaque fois qu'il y a un silence, vous pensez que c'est à vous, mais non, c'est juste que votre correspondant a choisi une version très lente.

À l'inverse, il se dessine maintenant en matière de répondeur une tendance à l'épure, au message minimaliste, voire carrément à l'absence de message, afin de montrer qu'on est un « executive » débordé et que dans notre monde de décideurs on n'a pas de temps à perdre. Même plus bonjour, rien, juste un bip...

Tout ça pour vous dire que je n'aurais pas parlé des portables si je n'avais pris connaissance de l'histoire suivante :

Avant-hier matin, un comptable quitte son appartement pour le bureau. C'est l'instant qu'a choisi son fils, comme le font tous les ados, pour lui demander de l'argent de poche. Quelques secondes plus tard, sa femme s'aperçoit qu'il a oublié son portefeuille sur la tablette de l'entrée. Elle décide de le prévenir en l'appelant sur son portable.

Il y a aussi un garçon amoureux. Il a rencontré une fille à la fac, et juste avant de quitter l'amphithéâtre, il a griffonné son numéro de portable et a glissé le bout de papier devant l'étudiante, un peu comme on jette une bouteille à la mer. Maintenant, il tremble à chaque fois que son téléphone sonne. Depuis plusieurs jours elle a failli appeler cent fois, mais cent fois elle a stoppé son geste. Cette fois-ci, le cœur battant, elle appelle.

Cette femme a l'air triste. C'est son anniversaire aujourd'hui et, ce matin, ni son mari ni ses enfants ne s'en sont souvenus. En fait, ils ont voulu lui faire une surprise et lui téléphonent pour lui donner rendez-vous dans ce restaurant au bord du lac où elle rêve de dîner aux chandelles...

Le quatrième est un vieux monsieur. Depuis plusieurs jours, une douleur abdominale l'inquiète. Son médecin vient de recevoir les résultats d'analyses du labo. Tout est normal. Il appelle donc le vieux monsieur pour le rassurer...

Les quatre appels arrivent au même instant sur quatre téléphones juste au moment où un Palestinien se fait exploser dans le bus où se trouvaient ces quatre personnages.

La police a regroupé sur le macadam les quatre téléphones. Cette image que comme moi vous avez sans doute vue à la télévision hier était insoutenable.

On n'est pas près d'oublier ces quatre téléphones qui sonnaient dans le vide sur la route d'Haïfa...

Ceux qui appelaient voulaient juste leur demander : « T'es où ? »... Personne ne pourra jamais répondre à cette question...

Y a pas que dans les chansons de Claude François que le téléphone pleure...

16 avril 2002

Lettre à Jean-Marc Sylvestre

La scène qui suit, authentique, racontée par *France-Soir*, s'est déroulée hier matin. Dans le cadre de la campagne électorale, Édouard Balladur visite un centre d'aide aux toxicomanes. À propos, c'est fou quand on pense que, dans l'entourage du président, un conseiller s'est dit : « Tiens, Balladur est l'homme qui symbolise le mieux la jeunesse insoumise et rebelle, on va l'envoyer chez les toxicos, ils sont du même monde, ils vont se comprendre et comme ça tous les drogués voteront R.P.R. et Renaud Dutreil pourra créer un site Internet, les junkies avec Chirac... »

Donc, hier, dans le petit matin blême, Édouard arrive dans ce centre d'aide aux toxicomanes, tout goitre dehors et habillé en Balladur, c'est-à-dire une veste pied-de-poule double poche sur un pantalon de flanelle grise avec le revers extérieur et pochette en soie rouge assortie aux chaussettes.

À cet instant précis, un jeune drogué, qui se sentait mal et était venu dans le centre demander de l'aide, voit la porte s'ouvrir et Balladur apparaître. Et là, le junkie s'exclame : « Oh la la, ça va pas mieux, v'là qu'je vois Balladur, oh mauvais trip. »

Eh bien, gageons que ce jeune drogué n'est pas près de toucher de nouveau à l'héroïne. La voilà la solution pour lutter contre la toxicomanie. Envoyons Balladur dans tous les centres de désintoxication, moi je dis qu'un type qui vient de prendre de l'héro et qui voit Balladur lui faire un discours sur les équilibres budgétaires et les montants compensatoires n'est pas près de retoucher à la drogue.

Un autre qui a fumé la moquette, c'est M. Rael, un gourou escroc du style Mandarom, qui affirmait avant-hier sur M6 être le fils d'un extraterrestre et d'une éleveuse de porcs. Donc déjà, on a envie d'appeler Balladur pour que le monsieur arrête de prendre des substances illicites, mais surtout, ce qui est intéressant, c'est le témoignage de la maman du gourou, à qui le journaliste demande si elle a fait l'amour avec un extraterrestre et qui répond : « Ah ben, ils ont dû venir pendant mon sommeil, c'est pas impossible vu que je dors la fenêtre ouverte... » Rappelons que nous entrons dans le troisième millénaire.

Un autre qui avait fumé la moquette hier matin, c'était notre ami Jean-Marc Sylvestre qui recevait sur LCI l'ancien P.-D.G. des chaussures André, qui a dû vendre sa société en proie à de graves difficultés à un groupe d'actionnaires étrangers et qui s'est fait virer comme un malpropre, ce qui ne l'empêche pas d'avoir écrit un livre préfacé par Raymond Barre.

D'entrée, c'est le genre de bouquin qu'on a envie d'acheter. « Qu'est-ce que tu lis en ce moment, moi je relis Proust et toi ? – Moi ? je lis le bouquin écrit par l'ancien P.-D.G. des chaussures André préfacé par Barre... » L'autre : « Oh, la vache, tu vas te régaler... »

Mais revenons à LCI. On devinait que la marque

André évoquait à notre ami Jean-Marc Sylvestre des souvenirs d'enfance, lorsque sa maman l'emmenait acheter ses petits mocassins à pompons, parfois la caissière lui donnait un ballon sur lequel était écrit : André le chausseur Sachant chausser... Les larmes aux yeux, il dit à l'ancien P.-D.G. : « Ah ! les chaussures André, toute une époque... »

Et Jean-Marc en voulait aux socialo-communistes de n'avoir rien fait pour sauver cette marque qui lui rappelait son enfance.

Il commença en demandant au papy : « C'est pas trop dur d'avoir été viré ?... » L'autre : « Ben non, c'est la loi du marché. »

... Sylvestre : « Oui mais, enfin, se faire virer comme ça... Parce que le problème en France, c'est que l'État est omniprésent... »

L'autre : « Oui... enfin, parfois... »

Sylvestre : « Non... vous le dites... et vous dites aussi que les prélèvements obligatoires sont scandaleux... »

À cet instant Jean-Marc Sylvestre devient fou : « Si... vous l'écriviez d'ailleurs dans votre livre, l'entreprise est freinée par un État omniprésent... et ces prélèvements obligatoires excessifs, et tous nos dirigeants qui quittent la France, tous les cerveaux sont partis à Londres ou à Bruxelles, du coup il ne reste que nous... »

À cet instant, sur LCI, un ancien dirigeant d'une société de chaussures prenait son pied et Jean-Marc Sylvestre était à sa botte.

17 avril 2002

Lettre à une fille paumée

Tout d'abord, si vous le permettez, un mot sur Canal +, puisque les « événements », comme on les appelle déjà, ont eu lieu après la rédaction de cette lettre.

Le 3 janvier dernier, Jean-Marie Messier Maître du Monde venait ici même nous faire un numéro sur sa passion des chansons de Noir Désir et des films d'Harel. Ce jour-là, son gadget de communication était l'épelage. Il épelait. Il épelait toutes ses réponses comme pour mieux les ponctuer, comme pour leur donner du poids. Je me souviens qu'à la question : « Allez-vous garder Pierre Lescure à la tête de Canal + ? » il éclata de rire et répondit : « oui, o-u-i ».

Messier est un menteur, m-e-n-t-e-u-r, mais ça on le savait, pour autant, on ne va pas plaindre Pierre Lescure, qui n'est plus un enfant du rock depuis longtemps et dont on devine qu'il percevra des indemnités de départ sensiblement égales au produit national brut du Portugal...

Pourtant, sur les images insurrectionnelles de Canal hier soir, à Canal, on voyait Antoine de Caunes. Il nous rappelait qu'à une époque au moins Canal sous la direction de Lescure avait été un lieu de création, d'émergence de talents, quelque chose ailleurs. À cette époque-là, on avait l'impression que Canal nous rendait intelligents.

Sur la fin, Gildas et de Caunes ont été remplacés par Nagui et Thierry Samitié. Nagui et Thierry Samitié n'étaient pas à Canal hier soir. Nagui et Thierry Samitié sont nulle part d'ailleurs.

Alors, pour le regard mouillé de larmes qu'échangèrent hier soir Antoine de Caunes et Pierre Lescure, ce dernier mérite le respect.

Mais venons-en à la lettre du jour. Hier après-midi, j'avais envie d'écrire à cette campagne électorale qui s'achève, mais, frustré de ne plus pouvoir citer les noms des candidats, même ceux qui font rigoler, j'allai chercher une autre idée de lettre dans un café, plus précisément au tabac-loto-tac-o-tac du pont d'Argenteuil, et je m'installai dans la salle, le bras sur la cloison à mi-hauteur qui sépare les tables. De l'autre côté de cette cloison, deux femmes prenaient un café. L'une, encore un peu jolie, encore un peu jeune, parlait beaucoup et fumait nerveusement, les jambes croisées, en agitant le pied comme le font les filles angoissées.

L'autre, visiblement son amie, lui répondait d'une voix douce.

Malgré moi j'écoutai.

Je compris que la fille au pied qui s'agitait remettait son couple en question. Elle expliquait qu'elle avait décidé de quitter son conjoint, fatiguée de ses mensonges permanents.

— J'en ai marre, poursuivit-elle, il déconne avec le fric du ménage, il me cache ses dépenses, et puis les enfants ressentent cette situation tendue, ils deviennent agressifs et on n'a plus aucune autorité sur eux... Il dit qu'il m'aime, qu'il va changer, que, sans lui, je ferai n'importe quoi. Il veut que je lui donne ma réponse dimanche.

Son amie lui demanda si elle avait vraiment envie de changer de conjoint en ajoutant :

— Tu ne dois pas manquer de prétendants...

— C'est vrai, répondit l'autre, tout à coup tonifiée par cette évocation, si je voulais...

Puis, comme pour se rassurer, elle énuméra les opportunités qui s'offraient à elle... Elle parla surtout d'un homme qui l'aimait depuis longtemps mais auquel elle hésitait à céder... elle le savait honnête et travailleur, mais le trouvait terne et avait peur de s'ennuyer avec lui...

Il y avait aussi le vieux de la sécurité qui la draguait depuis des années avec des arguments d'une telle vulgarité qu'il la dégoûtait. Il y avait ces deux jeunes cadres propres sur eux mais sans charisme, et puis ce jeune type au service courrier, c'était fou, c'était plus de son âge, mais elle avait une envie folle de faire l'amour avec lui le week-end prochain avant de retrouver un foyer stable.

Son amie, de sa voix douce, essaya de la calmer en lui expliquant les avantages des uns et des autres, sans prendre parti, mais la fille finit par lui dire : J'ai peur... Je suis complètement paumée. À cet instant, j'ai compris que cette fille perdue c'était nous. Nous tous. Avec cette réponse qu'on doit donner le week-end prochain. Avec celui dont on sait qu'il nous a menti, mais qui nous jure à chaque fois qu'il nous aime, et puis l'autre, honnête et travailleur, mais si terne, et puis le reste... avec la tentation comme ça, juste une fois, du petit facteur ou du vieux répugnant de la sécurité... et notre copine qui parle mezza voce, c'est Pierre Lemarc... Alors, vas-y, Pierre, essaie de nous aider, parce que, pour cette réponse qu'on doit donner dimanche, on ne sait plus où on en est, pour tout dire on est un peu paumés.

22 avril 2002

Lettre aux indécis
(lendemain du premier tour des présidentielles)

Bon, ben, vas-y, fais-nous rire.

Je vous préviens, je vais avoir du mal ce matin... pour vous donner une idée de l'état dans lequel je suis, vous vous souvenez, dans les dessins animés de notre enfance, lorsqu'un personnage hurlait des grossièretés, dans la bulle qui sortait de sa bouche, au lieu des gros mots, on voyait une tête de mort avec deux os croisés en dessous, un poignard, un serpent, des gros points d'exclamation, un revolver et des croix gammées...

Alors, ce matin, permettez-moi de commencer cette lettre en hurlant : « Tête de mort avec deux os croisés en dessous, poignard, serpent, gros points d'exclamation, revolvers... et surtout... croix gammées... » Ah, ça fait du bien de se défouler...

Bon, alors vas-y, fais-nous rire...

Tu parles, fais-nous rire, alors que c'est comme si, hier soir à 20 heures, un toubib était arrivé avec nos radios du poumon, les avait collées sur une glace qui s'éclaire en disant : Vous voyez cette tache-là, c'est ce que j'aurais aimé ne jamais voir !

Au début, on reste incrédule, et puis on demande : Ça veut dire quoi, docteur ?

Eh bien, cher ami, ça veut dire que la France développe une tumeur...

Ah, la vache !

Bon, pour être honnête, on sentait qu'on allait mal, ça fait quelque temps qu'on se laissait aller... on faisait pas attention, on se surveillait pas et puis y avait cette douleur qu'on niait, cette souffrance qui grandissait jour après jour et qu'on faisait semblant d'ignorer parce qu'on n'aime pas être malade, alors on faisait comme si on allait bien, on prenait juste des médecines douces, et, hier soir, le toubib nous annonce comme ça qu'on souffre d'un cancer de la démocratie.

Bon, alors vas-y, fais-nous rire... malgré la tache...

Hier soir, à la télé, à un moment c'était drôle, comme il fallait meubler avant 20 heures, TF1 avait décidé d'envoyer des journalistes dans Paris pour interroger les passants afin de savoir s'ils avaient voté ou s'ils s'étaient abstenus. Le premier journaliste se rend dans un café célèbre du boulevard Saint-Germain, il tend son micro : « Alors, monsieur, pour qui avez-vous voté ?... »

Franchement, moi, c'est pas la première personne que j'aurais interrogée, vu que le type tenait un plan de Paris à l'envers, un appareil photo en bandoulière, et qu'il portait un tee-shirt « I cœur Paris », donc évidemment il répond : « Moi pas comprendre... » P.P.D.A., pressentant que, dans ce café, le journaliste n'allait rencontrer que des touristes, appelle un deuxième reporter et lui dit : « Alors et vous, machin, vous êtes où pour ce petit sondage sur les abstentionnistes ? » et l'autre répond : « Eh bien, je suis aux Champs-Élysées ! » Après avoir demandé à un Japonais, à un couple de Hollandais et à un Africain en boubou, le reporter a conclu : « Ah ben, décidément on n'a pas de chance, y a beaucoup de touristes... »

Ah oui, j'avais dit que j'écrirais aux indécis...

Chers Indécis. Au début, on vous aimait bien, d'abord parce que vous foutiez le souk chez les sondeurs, tiens, en voilà qui nous ont fait rire hier soir. Les sondeurs c'est comme Élisabeth Tessier, ils vous racontent toujours *a posteriori* que, si on avait bien compris ce qu'ils nous annonçaient, ils avaient tout prévu. Le roi des faux culs fut quand même un certain Giacometti sur France 3, qui a dit : « Si on avait interprété correctement ce que je disais, on aurait compris que j'annonçais que le F.N. serait au second tour. »

Moi, monsieur Giacometti, si j'interprète correctement ce que vous disiez hier soir, je pense que vous vous foutez de la gueule du monde.

Ah, ça y est, je viens de repenser à la tache... Alors hier, on nous a expliqué que le seul moyen de s'en sortir, c'était la chimio. Chirac !

Oui, je sais, a dit le docteur, on va vous faire avaler des trucs qui donnent la nausée, mais c'est votre dernière chance.

Au fait, si vous voulez savoir à quoi ressemble une tache sur une radio, écoutez bien France Inter dans vingt minutes, on reçoit Bruno Gollnisch, vous verrez, c'est impressionnant.

Je m'aperçois que je vous ai très peu parlé des indécis. C'est vrai, mais comment parler d'indécis un jour d'indicible ?

23 avril 2002

Lettre à Rocard

Pour oublier un instant la chape de plomb qui nous a recouverts dimanche à 20 heures, j'ai décidé, ce matin, d'écrire une lettre joyeuse, heureuse, optimiste, en vous racontant un événement occulté par l'actualité...

Ça s'est passé samedi dernier. Il faisait beau sur Paris et sur la mairie du XIVe.

Et Michel Rocard s'est marié.

Je me souviens qu'il y a quelques semaines, chez Marc-Olivier Fogiel, il avait l'œil qui pétille des gens heureux et Clémentine Célarié, la comédienne Clémentine invitée dans la même émission, qui sait si bien percevoir les émotions, le regarda et s'exclama : « Vous, vous êtes amoureux... » et lui, dans un sourire radieux : « C'est vrai... » Je crois que je n'avais jamais vu un homme politique sourire comme ça...

Samedi, il faisait beau sur la mairie du XIVe arrondissement. La cérémonie, nous dit la dépêche, fut brève et émouvante, Michel Rocard avait les yeux embués lorsque le maire lui demanda s'il voulait prendre pour épouse Sylvie Pélissier, ici présente... Il répondit : « Ah na ha », Sylvie l'embrassa et les photographes prirent les photos qui jauniront dans les cadres tandis que les enfants d'amis, habillés en dimanche, jouaient dans la cour de la mairie. Les voyant s'embrasser, ils se mirent à chanter : « Oh, les amoureux eux... Oh, les amoureux... eux... »

Les invités étaient prestigieux et œcuméniques puisqu'on pouvait apercevoir Jacques Toubon et son épouse Lise, le couple Jospin, Sylviane et Lionel, dont ce fut sans doute le dernier instant de fête avant longtemps, Alain Richard, ministre de la Défense, et Simone Veil, la grande Simone, c'est drôle de penser que la femme de droite était symbolisée par Simone Veil il y a vingt-cinq ans et par Michèle Alliot-Marie aujourd'hui. Tiens, à propos, je ne sais pas si vous avez vu, depuis hier, ça y est, MAM est revenue aux affaires, la crispée est de retour, Cruella is back in town, finie Roselyne Bachelot, trop ouverte, trop insoumise, au R.P.R., ils lui ont dit : « Tiens, Roselyne, t'as qu'à nous faire un rapport sur le pacs, on l'étudiera un de ces jours », et ils ont éclaté de rire...

Après la cérémonie, ils sont partis faire la fête, oh, pas chez Lasserre, non, c'est pas le genre, Rocard avait probablement réservé une salle à Conflans-Sainte-Honorine, *À la bonne marmite*, une guinguette des bords de l'Oise où il a ses habitudes.

Comme il faisait beau, ils ont déjeuné en terrasse, puis ils ont dansé tout l'après-midi et, le soir, Nénette, la patronne, a allumé les petites guirlandes lumineuses...

Malheureusement, comme dans toutes les fins de noces, l'alcool fut la cause d'une brève échauffourée... Il faut dire que le ministre de la Défense Alain Richard avait abusé de la sangria. Reconnaissons qu'il a des circonstances atténuantes. Voilà un homme qui est sur la brèche depuis le 11 septembre... Il a besoin de se détendre. Au début, tout se passait bien, il a chanté *C'est la chenille qui redémarre*, puis il a fait une démonstration de charleston avec les mains sur les genoux, mais, après la danse des canards, il est allé taquiner Toubon sur la tache qu'il a dans le cou en lui disant : « Dis donc, Jacques, toi qui voulais être un homme d'État, t'as déjà une tache de vin, comme Gorbatchev. » Toubon disait : « Mais je vous en prie, vous avez bu. » Alain Richard : « Ah, le prenez pas sur ce ton, j'ai la mallette de la bombe et, si je veux, je peux appuyer sur le bouton, je connais le mot de passe pour déverrouiller la clé, c'est facile, c'est roudoudou... Tiens, regarde, Toubon, tu vois, je tape roudoudou, et là, t'as vu, y a le mot alerte qui clignote en rouge... »

Lionel qui pressentait sa défaite avait également abusé de la sangria, et lorsque Sylviane le lui fit remarquer, il lui répondit sobrement : « Alors toi, Schopenhauer, tu fais bien de la ramener, parce que j'ai quelques balançoires. Tu sais quoi, tu m'as plombé la campagne, avec tes airs de madame je sais tout, tu m'étouffes. C'est bien simple, tu me fais penser à Yoko Ono... »

À cet instant tout le monde s'engueulait, mais Michel Rocard n'en avait cure, il était déjà parti depuis longtemps. Il avait pris la route pour la Bretagne où l'attendait son voilier, et là, tenant Sylvie par la main pour pas qu'elle glisse de la planche de coupée, il lui a fait visiter son bateau, elle sautait de joie comme le font les petites filles, Michel a mis le moteur en marche juste pour sortir du port, puis il a monté la grand-voile, il a mis le pilote automatique et le reste leur appartient.

Le lendemain, dimanche, lorsque la bête immonde s'éveilla, le bateau était loin en mer...

Y a des jours comme ça, on a très envie d'être amoureux et de partir loin... loin... loin...

24 avril 2002

Lettre d'ordonnance pour une chiracothérapie

Stéphane Paoli, j'ai accepté votre proposition d'assurer une chronique dans le 7-9 lorsque vous m'avez dit : « Et puis surtout, pendant l'année qui vient, avec l'actualité, on va avoir de quoi se marrer. »

Depuis, il y a eu le 11 septembre et le 21 avril. Qu'est-ce qu'on se marre ! Vous allez me dire : qui aurait pu prévoir que des désespérés à qui des manipulateurs promettent soixante-dix vierges pour l'éternité planteraient des Boeing dans des tours ?

Qui aurait pu prévoir que des désespérés à qui des manipulateurs promettent des pavillons sam'suffit pour l'éternité planteraient le fascisme dans la démocratie ?

Alors, suite à ma lettre de lundi, où j'expliquais que le seul moyen de guérir du cancer de la démocratie diagnostiqué dimanche soir était une chimiothérapie chiraquienne, nous allons aujourd'hui commencer le traitement.

Voici le médicament. C'est de la chiraquine classique qui se présente sous la forme d'un article du *Figaro*. Excusez ces précisions médicales, mais *Le*

Figaro peut se prendre par deux voies, par les yeux, en lecture donc, ou bien... comme un suppositoire...

Bon, allez, détendez-vous, ça va être un peu douloureux, c'est vrai, mais pour vous relaxer avant de commencer, voici la phrase la plus bête que j'aie entendue au sujet des élections. Elle est l'œuvre de Steevy – vous vous souvenez de Steevy du Loft –, eh bien, on lui demandait s'il avait voté dimanche et il a répondu : « Ben non, avec les autres lofteurs, on n'a pas voté au premier tour, parce que je pendais ma crémaillère, mais c'est pas grave, on ira voter au deuxième tour... » T'as raison, c'est pas grave... Bon, allez, maintenant que Steevy nous a bien fait rire, démarrons le traitement : Je vais vous lire un article du *Figaro* et vous devrez l'écouter jusqu'au bout. Il faut tout avaler, sinon le médicament ne sert à rien.

Parce que je vous entends déjà dire : « Oh oui, je veux bien faire ma chiracothérapie, mais je ne supporte pas le Balladur... » Oui, ben, on le sait que le Balladur a des effets secondaires...

Bon, allez, je commence l'injection. Respirez fort et bonne chance à tous... D'abord le titre... J'injecte doucement... C'est parti : « Les chiraquiens créent leur grand parti, l'U.M.P... » Oui, je sais, c'est du brutal, en plus ça sonne mal comme nom de parti, l'U.M.P., mais ce sont des publicitaires qui l'ont trouvé... Tiens, faisons une pause pendant le traitement. À propos de publicitaire, qui peut nous dire où se cache Séguéla, afin qu'on l'enduise de goudron et de plumes, parce que, dans les 200 000 voix qui manquaient à Jospin, son slogan de naze, « Présider autrement », a dû jouer son rôle ? Bon, allez, assez rigolé, revenons au traitement avec l'article du *Figaro*. Je lis très vite, vous ne recrachez rien...

« Lundi 21 heures. Remontés à bloc par les propos de Jacques Chirac, Juppé et Raffarin s'envolent vers Marmande où ils sont reçus par Jean-François Poncet.

Mardi 8 h 30. Madelin, Raffarin, Gaudin et Mattei se retrouvent pour un petit déjeuner. La réunion est tendue car tous n'ont pas compris la même chose dans les propos du président.

10 h 45. Empoignade à l'U.D.F. François Bayrou, regonflé par ses 6,8 %, prévient qu'il ne sera digéré par personne.

14 h 30. Les chiraquiens passent à l'acte. Ils sont une trentaine autour de Juppé, notamment Douste-Blazy, Raffarin, Sarkozy – on ne crache pas... –, Balladur, Jean-Louis Debré... décident de créer l'U.M.P.

15 heures. Alliot-Marie résiste... Elle accepte une confédération mais pas un grand parti. Je ne vous comprends pas, la coupe sèchement Alain Juppé... Le ton monte et ils sortent tous les deux pour aller s'expliquer...

16 heures. L'incident est clos, l'U.M.P. est née. À la fin de la réunion Douste-Blazy claironne la bonne nouvelle. »

Voilà, c'est fini, vous voyez, c'était pas si difficile, bon, j'en vois qui n'ont pas avalé leur Alliot-Marie, qui l'ont cachée sous la langue, avalez-moi ça tout de suite, voilà, c'est bien.

Restez encore un peu allongé... si vous vous levez trop vite, vous risquez d'avoir des vertiges...

Allez, demain on fera une pause. Parce que la prochaine séance sera particulièrement éprouvante. Je vous ferai avaler du Devedjian... Allons, allons, ne faites pas l'enfant...

2 mai 2002

Lettre d'amour à Jean-Marie Le Pen

Cher Jean-Marie,

Je suis sûr que tu excuseras la familiarité de ce tutoiement lorsque tu sauras que ceci est une lettre d'amour.

En écoutant ce matin à la radio les reportages sur ces marées humaines qui ont inondé hier les rues des villes, en les écoutant te hurler leur dégoût, je me suis demandé comment tu pouvais trouver la force de supporter tant de haine.

Et puis j'ai compris que tu te nourrissais de cette haine, pour la restituer à ton tour dans les éructations de tes meetings.

J'ai donc décidé ce matin, Cher Jean-Marie, de briser cette spirale infernale et de t'écrire une lettre d'amour.

Ça fait combien de temps qu'on ne t'a pas écrit de lettre d'amour ?

Et pourtant.

Pourtant une femme a souffert pour te mettre au monde, elle s'appelait Anne-Marie, ta maman. On imagine que le Marie de Jean-Marie, c'est pour elle, qui forcément t'a pris dans ses bras en te parlant tout doucement, forcément te donnait le bain où tu gazouillais et puis, à la fin du bain, elle te levait à bout de bras comme le font toutes les mamans et tu riais, tu riais de bonheur...

Alors, que s'est-il passé, Jean-Marie ?...

Oh, bien sûr, parfois tu pleurais aussi, une dent qui poussait, alors Anne-Marie te prenait dans ses bras, te berçait en te chantant une vieille comptine bretonne qui parlait de Brocéliande et puis tu t'endormais en souriant.

Alors, que s'est-il passé, Jean-Marie ?...

Et puis vint l'enfance, ton petit lit et, dessous, cette boîte où tu cachais tes secrets, un bout de ficelle, un sifflet, des osselets, et un Opinel pour tailler des bateaux dans des écorces de pin, en fait toujours le même bateau, celui de ton papa, que tu allais lui offrir, tout fier, au bout de la jetée lorsqu'il rentrait d'une campagne de pêche, alors il prenait ton bateau, souriait et t'embrassait... t'as pas oublié ça... Tu revenais à ses côtés vers la maison en sautant à cloche-pied et en lui racontant ta vie d'enfant en avalanche...

Alors, que s'est-il passé, Jean-Marie ?...

Et un jour ton cœur s'est mis à battre plus fort pour une photo de Danièle Darrieux entrevue dans un journal, puis pour une jolie frimousse qui t'avait souri au pardon de Carnac... Et le premier baiser, quelqu'un avait envie de t'embrasser... sans avoir peur de toi... Tu te souviens, tu parlais d'amour...

Alors, que s'est-il passé, Jean-Marie ?...

Il s'est passé que, comme ton père était absent, tu t'es laissé entraîner et puis tu es entré dans une bande... elle s'appelait l'armée, ta bande, et, depuis ce jour, tu n'as connu que la haine...

La haine, le même mot qu'emploient les racailles des cités, eux aussi, leur père est souvent absent et ils se laissent entraîner dans des bandes.

Finalement, Jean-Marie, t'es comme eux.

T'es un délinquant maghrébin, Jean-Marie.

Je regarde la chaise qui va t'accueillir tout à l'heure. Je l'aime bien, cette chaise. Elle est exemplaire, elle a reçu tout le monde sans broncher, de Laguiller à Mégret. Elle n'a jamais rien dit et pourtant elle en sait plus que nous, parce qu'elle a le contact des chairs qui s'appuient contre elle, elle sait lorsqu'ils mentent, elle sait leurs peurs, elle sait leurs doutes, leurs convictions aussi, et je suis sûr que tout à l'heure lorsque tu t'assiéras dessus, pendant que tu diras les mots qui font peur, elle sentira un môme qui taillait des bateaux dans des écorces de pin et qui voudrait juste qu'on lui dise : Je t'aime.

Alors, pour ça, il faut que tu arrêtes... tu as neuf petits-enfants, joue avec eux, mets-toi à quatre pattes, fais le cheval pour qu'ils te montent dessus et que tu les entendes rire, rire jusqu'à ce que, épuisés, ils te disent : Je t'aime, papy...

2 mai 2002

Lettre à un héros de colo

Décidément, cette campagne électorale aura été jusqu'au bout fertile en coups de théâtre, et je suis encore sous le choc du dernier rebondissement authentique, entendu hier sur France Info. Il s'agit d'un communiqué par lequel Mme Michèle Mercier, ancienne comédienne reconvertie dans la pizza à domicile, Michèle Mercier, donc, déclarait que, contrairement à de fausses informations parues dans la presse, elle n'avait jamais soutenu Le Pen, mais qu'elle appelait au contraire à voter pour Jacques Chirac. Sa prétendue affinité avec le Front national n'était qu'une manipulation grossière destinée à tromper le peuple français.

Ah ! la vache, il a eu chaud, le peuple français. C'est vrai, vous imaginez toutes ces foules qui auraient pu se dire : « Ah ben, si Michèle Mercier vote pour Le Pen, moi je fais pareil. »

Il est à noter qu'après sa déclaration les infirmières ont ramené Michèle Mercier devant la télé. C'était l'heure des chiffres et des lettres.

Puisqu'on parle des engagements politiques de stars, Mlle Danièle Gilbert nous fait savoir qu'elle invite à voter pour Giscard d'Estaing.

Venons-en à la lettre à un héros de colonie de vacances.

C'était il y a longtemps, à Saint-Hilaire-de-Riez, en Vendée. Ce jour-là, dans la colo de la Ville d'Argenteuil, quelqu'un avait profité de la sieste pour voler dans les armoires les friandises des colis que nous envoyaient nos parents. Moi, en plus, il m'avait volé une petite Dinky Toy, une Simca P60 rouge à toit noir. Tout le monde soupçonnait un meneur, un chef de bande, un dénommé Trouboul.

Sur le chemin des dunes qui nous emmenait à la mer cet après-midi-là, les moniteurs nous informèrent qu'au retour de la plage ils procéderaient à une fouille de toutes les armoires pour retrouver le butin et démasquer le voleur. Tout le monde pensa que Trouboul était mal parti.

Une heure plus tard, pendant la baignade, un courant violent et inattendu emmena un petit, un faible, un tout maigre, au-delà de notre limite de bain, constituée de bouées de liège reliées entre elles par un câble.

Les moniteurs étaient loin. Nous on pataugeait, on s'aspergeait, on jouait au foot, on glandait, quoi, et on s'aperçut que Trouboul était le plus proche du petit en danger, le seul capable de l'arracher à ce courant mauvais...

Alors, oubliant nos soupçons, nos méfiances, nos rancœurs, nous l'avons encouragé... de toutes nos forces... je me suis entendu dire : Vas-y, si tu le rattrapes, je te donnerai la moitié de mes colis...

Trouboul sauva le petit. On l'acclama, et ce fut comme si cet événement l'avait transformé. Il devint dévoué, attentif aux autres, partageant ses colis avec ceux qui n'en recevaient jamais, et il finit par être élu « le héros de la colo ».

Dimanche, cher Jacques Chirac, vous allez nous

sortir de ce courant de merde qui nous emmène là où on n'a pas pied. Alors, ce serait bien si, comme Trouboul, cet événement vous transformait. Comme si vous deveniez le héros de la colo.

Tiens, comme si ce concours de circonstances vous faisait devenir un nouveau de Gaulle. Lui, avant le 18 juin 40, personne le connaissait, il conduisait des chars et ses potes l'appelaient Grand Pif, eh bien, à partir de ce jour, il est devenu la France. Je me souviens que les ouvriers, les métallos comme dit Le Pen, qui votaient à gauche l'appelaient le Grand Charles et parlaient de lui avec respect.

Alors, cher Jacques Chirac, à partir de lundi, devenez de Gaulle, que les ouvriers ne se moquent plus de votre grand nez et vous appellent le Grand Jacques.

Allez, tiens, comme à la colo, on va oublier de fouiller vos armoires, on oublie les 4 000 balles par jour de frais de bouche, on va saluer votre élection avec lyrisme, façon Malraux : « Comme Leclerc entra aux Invalides dans le soleil d'Afrique, entre à l'Élysée, Jacques Chirac, avec ton sinistre cortège de Sarkozy et de Balladur... » Non, là je plaisante...

Jacques Chirac, dimanche prochain, on va vous faire une élection de Maréchal, en échange, on vous demande juste la dignité du Général.

15 mai 2002

Lettre reçue de Sicile

Palerme, le... je n'sais plus et je m'en fous.

Cher Guy,

J'ai appris que tu avais serré la main de Chirac, et qu'il t'avait impressionné. Je ne t'en veux pas, moi aussi, au début, ça m'a fait pareil, mais tu vas voir, ça ne durera pas.

Moi, j'ai toujours eu du mal avec les poignées de main. En revanche, je n'avais aucune difficulté avec l'honnêteté, la rigueur et le travail, mais c'est le passé, n'en parlons plus.

Si je t'écris aujourd'hui, c'est pour te raconter mes petites vacances. Nous logeons à l'hôtel *Modern***NN de Palerme, un établissement modeste mais propre, et surtout bon marché, car tu sais qu'avant de partir j'ai rendu les fonds secrets et qu'il va nous falloir, avec Sylviane, faire attention à nos dépenses, c'est sûrement pas avec les droits d'auteur de Schopenhauer qu'on va finir le mois.

Mais la chambre est douillette, il y a la télé et nous recevons même les chaînes françaises. Tiens, avant-hier soir, on a regardé le journal avec ce long reportage sur la visite de Sarkozy dans le 93, il s'était vêtu en baroudeur pour partir en patrouille de nuit avec les policiers locaux. Pour Sarko, baroudeur, ça signifie l'imper Hermès mais avec un col de cuir.

À un moment, Sylviane m'a fait remarquer que Sarkozy ressemblait au petit bonhomme à la tronçonneuse de la publicité Orangina rouge, à qui les gens demandent : Mais pourquoi êtes-vous si méchant ?... et qui répond : Parce que !!!!

Hier soir, on a regardé de nouveau et on a encore vu Sarkozy. Cette fois-ci, il était avec la brigade d'intervention du R.E.R., manque de chance, la brigade n'a pas eu à intervenir, il ne se passait rien. Comme il fallait des images, ils sont tombés à cinq sur un pauvre clodo allumant un mégot qu'il venait de ramasser, alors qu'il est interdit de fumer dans le métro.

Après le journal, Sylviane s'est exclamée : « Encore un reportage sur Sarkozy ? »

En fait, c'était *Pinot simple flic*, le film de Jugnot.

Mais revenons à nos vacances. Hier soir, nous sommes allés dîner dans une taverne de pêcheurs, Angelo, le patron, nous avait installés sur la terrasse, c'était sympa toutes ces petites ampoules de couleur, on a pris des aubergines farcies et des scampi fritti, mais, pour être tout à fait franc, avec Sylviane, on a un peu forcé sur le chianti.

À la fin du repas, Angelo a mis une ancienne cassette de Bobby Solo, avec la chanson *Una lacrima sul viso*, et Sylviane m'a pris par la main et on a dansé le slow sur la terrasse.

Après avoir dansé, on a commandé une nouvelle bouteille de chianti. Là, on n'aurait pas dû... On a commencé par rire pour n'importe quoi, puis Sylviane a hurlé : « J'emmerde la philosophie et les idées féministes. J'ai envie de faire la vaisselle. Angelo, amenez-moi les assiettes sales, je veux voir des pièces de théâtre à la con, je veux voir Jean Lefebvre lancer des coussins au public, je veux écouter l'intégrale de François Feldman, tiens, mieux, qu'on m'amène tout Patrick Sébastien, tiens, Lionel, je veux qu'on chante *Le petit bonhomme en mousse.* »

Et, là, cher Guy, j'avoue que j'ai dû chanter avec elle. Et tu sais à quel point cette chanson est redoutable. Dès qu'on l'a en tête, elle vous poursuit la journée entière et ne vous lâche plus.

Mais j'en viens à l'objet de cette lettre. Tu la recevras probablement mercredi matin, jour de Conseil des ministres, et ces derniers écoutent tous le 7-9 d'Inter. Je te demande donc de chanter cette chanson maudite. De penser qu'au Conseil des ministres, pendant qu'ils débattront des problèmes de la France, les membres du gouvernement aient en tête une chanson imbécile me réjouit particulièrement.

Tiens, voilà les paroles :

Le petit bonhomme en mousse
Qui s'élance et rate le plongeoir
C'est comme une chanson douce
Que chantait sa maman le soir

Je t'en remercie.

Lionel

P.-S. À ceux qui s'étonnent de mon départ, dis-leur que c'est tout simplement pour que les autres ne voient pas « les lacrima sur mon viso ».

21 mai 2002

Lettre au Professeur Zermatti

Cher Professeur Zermatti,

Il y a quelques années, vous étiez le prof de maths de mon fils en quatrième. La moyenne générale de la classe dans cette matière était de 2,5 sur 20. Certains soirs, je voyais le visage de l'adolescent s'assombrir, il semblait absent, soucieux, tourmenté par une angoisse. Un jour où je finis par lui demander la raison de son inquiétude, il me répondit : « Demain, j'ai maths, et Zermatti va rendre une interro. » Il faut dire qu'invariablement, et quel que soit le temps passé à réviser, il ramenait une copie dont la note n'excédait pas 3 sur 20 avec toujours ce même commentaire : « À peine au niveau de la sixième. »

Depuis lors, par extension, dans mon entourage, à chaque fois que quelqu'un a l'esprit ailleurs et paraît préoccupé, on utilise l'expression « avoir un Zermatti »... Par exemple : « Tiens, salut, oh la la, toi, t'as un Zermatti », l'autre : « Ben oui, j'ai un découvert et la bonne femme de la banque n'arrête pas d'appeler. »

Le Zermatti se caractérise par le fait qu'on le ressent avant de l'identifier. Je vous explique. Vous qui vous éveillez en ce moment, paf, le Zermatti vient de vous tomber dessus comme une angoisse sourde, et il vous faut quelques secondes avant de vous souvenir de la raison de ce Zermatti, cette réunion au boulot où Berthon-Maillard va encore se plaindre que vous ne lui avez pas remis les statistiques de ventes en temps et en heure, ce problème de fric à cause du tiers provisionnel ou bien ce cours, tout à l'heure, avec un prof qui ressemble à Zermatti justement...

Eh bien, pour moi, c'est la même chose, ce matin, je me suis levé avec un Zermatti. Pourtant, hier soir, j'avais décidé de vous faire une lettre rigolote et les sujets ne manquaient pas. J'aurais pu, par exemple, écrire à Jack Lang ; je ne sais pas si vous l'avez vu dimanche soir à la télé à Boulogne-sur-Mer où il se présente aux législatives, il réfute le terme de parachuté. Non, Jack Lang n'est absolument pas parachuté dans le Nord, il a toujours rêvé de vivre à Boulogne-sur-Mer mais par pudeur il n'osait pas en parler. Pour être honnête, il hésitait entre Tourcoing, Charleville-Mézières et Boulogne, et finalement il a choisi Boulogne-sur-Mer, à cause de la pêche à la morue... et c'est vrai que tout dans la personnalité de Jack Lang fait penser à *Pêcheur d'Islande*... Cette espèce de force brute quasi animale, ce corps buriné par les embruns qui exhale en permanence des relents de marée, et puis le Nord, c'est aussi les mines de charbon et qui dit Jack Lang pense immédiatement à *Germinal*, on l'imagine, torse nu, maculé de houille (y a pas de contrepèterie), poussant des wagonnets... Dans le reportage à la télé, on voyait Jack à Boulogne, sur le port, discutant avec les pêcheurs qui déchargeaient la marée. À un moment il a mis la main dans une nasse pour en sortir un tourteau, bon, là, c'est le seul moment où il a été crédible, au milieu du panier de crabes, mais, à part ça, Jack Lang au milieu des pêcheurs, franchement on n'y croit pas...

Une autre qui n'est pas crédible, c'est Michèle Alliot-Marie en tournée des popotes au Kosovo et en Bosnie. *France-Soir* nous raconte que dimanche soir, sur la base de Mostar, dans une rustique baraque en guise de mess, passant de table en table parmi les officiers, elle posa sur ses épaules le maillot de rugby du régiment et tapa sur l'épaule du chef de corps en lui disant : « Allez, on va féliciter le cuistot... » C'est impressionnant, mais on aurait aimé connaître la suite, aura-t-elle passé la bite du général au cirage, aura-t-elle participé à ces concours de pets qui font la gloire de l'armée française ? Bref, c'est comme pour Jack Lang, on n'y croit pas une seconde.

J'aurais pu enfin vous parler de Robert Hue, qui débattait dimanche sur France 3 des problèmes de sécurité et qui a affirmé avec force qu'il était absolument contre l'utilisation des flash-back. Il voulait évidemment parler des flash-balls, et ce lapsus freudien démontrait à l'évidence à quel point on ne veut plus évoquer le passé au parti communiste.

J'aurais pu vous parler de tout ça, mais je me suis réveillé avec un Zermatti, les nouvelles images de Ben Laden diffusées ces jours derniers à la télé. Cette fois-ci, plus de rocher derrière lui avec le trou du terrier du petit loir, non, cette fois-ci, c'est tourné dans un cadre bucolique et printanier pour bien montrer que le film est récent, et toujours ce visage à la douceur inquiétante qu'on commençait à oublier et qui revient nous obséder.

Depuis quelques jours, à nouveau, c'est l'Occident tout entier qui s'éveille avec un Zermatti nommé Ben Laden.

3 juin 2002

Lettre aux petits porteurs

Cette scène a eu lieu hier, dimanche matin, dans la boulangerie-pâtisserie sise près de la basilique d'Argenteuil dans le Val-d'Oise. À la fin de la messe, à l'heure où les églises se vident et où les pâtisseries se remplissent, il se forma, dans et devant la boutique, une longue file d'attente constituée essentiellement de mamies sexagénaires.

Une d'entre elles, ayant tenu à communier en manteau de fourrure malgré la canicule, après avoir commandé une baguette « bien cuite mais pas brûlée », s'apprête à acheter le gâteau dominical. Madame prend son temps, ignorant superbement la queue qui s'impatiente, elle hésite entre un fraisier et un truc prétentieux dégoulinant de chocolat, et en profite pour faire part de ses considérations sur la jeunesse. Heureusement, des jeunes, y en a des bien, dit-elle avec indulgence, regardez par exemple Laurent Romejko... Tout en pérorant, Madame se dirige vers la vitrine pour choisir sa pâtisserie, du coup, la cliente suivante, une petite bonne femme brune, visiblement de là-bas, avec une tache religieuse au front, demande un pain à la commerçante, mais, au moment où cette dernière s'apprête à la servir, la mamy aux cheveux bleus rapplique à toute allure vers la caisse et d'un air pincé, tremblant de tout son corps, le cou s'empourprant d'une rougeur nerveuse, vocifère à l'usurpatrice basanée : « Mais, madame, j'étais là avant vous... »

L'autre, contrite, s'excuse en bafouillant : « Je croyais que vous... » Madame l'interrompt : « Si on peut plus prendre le temps de choisir, on n'est plus chez soi. »

À cet instant, j'ai compris que la scène était préméditée, que le déplacement vers la vitrine n'était qu'un appât, un piège tendu à l'autre, juste pour le plaisir de lui balancer son venin devant tout le monde... et tandis que la boulangère lui encartonne son gâteau, elle déverse son fiel, en marmonnant qu'ils sont partout, oui, parce que Madame a ses pudeurs, elle ne prononce jamais le mot « arabe ». Elle dit : Ils... Ils sont de plus en plus nombreux... s'ils ne sont pas contents, ils n'ont qu'à retourner chez eux manger leur couscous. Je ne sais pas pourquoi, brusquement j'ai songé que la mère de cette femme avait souffert pour la mettre au monde... Tout ça pour que soixante ans plus tard elle en soit encore là...

Cette scène me fit penser à un article lu la veille dans le journal *Le Monde*. Le titre, étrange, annonçait : « Des petits actionnaires de Casino réclament leur petit cadeau »... déjà l'expression réclamer son petit cadeau est évocatrice mais vous allez voir à quel point la comparaison avec les prostituées est diffamatoire... pour les prostituées.

Voici ce que relate l'article. Jeudi 30 mai a eu lieu l'assemblée générale des actionnaires du groupe Casino. Habituellement, la direction de l'entreprise les reçoit en leur offrant un panier garni contenant un assortiment des produits de l'enseigne. Cette année, Casino a décidé de supprimer le traditionnel cadeau pour verser une somme équivalente à l'association S.O.S. villages d'enfants qui accueille des orphelins.

S'apercevant qu'ils n'auraient pas leur cadeau, certains petits porteurs sont devenus fous de rage, exigeant le traditionnel panier garni, une dame sexagénaire, probablement la même qu'à la boulangerie, avec sa plaque rouge de nervosité dans le cou, lançant aux membres du conseil d'administration : « Vous n'avez qu'à donner vos jetons de présence aux petits orphelins si vous voulez, mais nous, on exige notre panier garni. »

Précisons que ce panier comprenait une bouteille de mousseux, une boîte de Pilchard, une boîte d'olives apéritives avec des petits machins rouges dedans, un pack de Danette au choix vanille ou chocolat, un saucisson Fleury Michon avec la petite planche et la serviette en vichy et une bonne bouteille de bordeaux des Corbières.

Un autre petit porteur, un modéré, un qu'aime pas les conflits, s'il est petit porteur, c'est parce qu'il y a le mot petit, sa plus grande audace politique fut de voter U.D.F., tenta bien de proposer une autre solution : « Si vous ne nous donnez pas le panier garni, vous n'avez qu'à nous remettre un bon de réduction de 20 euros comme fait Carrefour avec ses petits porteurs, mais donner notre argent aux orphelins, ça va pas, non ? »

La direction de Casino a répondu qu'elle allait étudier les suggestions. Au moins la dame aux rougeurs dans le cou pourra prendre le temps d'aller voir travailler les caissières sous-payées qui lui permettent de percevoir les dividendes qu'on lui distribue lors de ces assemblées générales où elle réclame son petit cadeau...

Madame la Petite Porteuse, vous êtes particulièrement bête, puisqu'en acceptant avec démagogie d'offrir le petit cadeau aux orphelins, au lieu de vous railler, la presse aurait loué la générosité des petits porteurs de Casino, donnant à ce groupe une image sympathique.

Je vais vous dire, même si les petits porteurs d'actions n'ont pas d'obligation, les actionnaires de Casino nous foutent les jetons... de présence.

5 juin 2002

Lettre à Monsieur [1] Raynaud

M. Raynaud occupe les fonctions (authentiques) de « chef de bureau du service de la réglementation de la vie scolaire de la direction de l'enseignement primaire du ministère de l'Éducation nationale... », ça ne s'invente pas.

Avec un titre pareil, vous avez compris que le boulot de M. Raynaud consiste essentiellement à élaborer des circulaires.

Mais il serait réducteur de ramener la fonction de M. Raynaud à la rédaction de notes. Non, M. Raynaud passe beaucoup de temps à redresser des trombones, qu'il utilise ensuite au choix pour un curage dentaire ou pour une fouille auriculaire. M. Raynaud aime également beaucoup les enveloppes capitonnées avec ces petites bulles de plastique qu'il fait exploser pendant des heures...

Il arrive aussi à M. Raynaud de téléphoner. Vers 16 heures, il appelle chaque jour son épouse pour s'enquérir de ce qu'elle compte préparer à dîner. Il y a quelques jours, lors de ce coup de fil quotidien, elle lui répondit qu'elle cuisinait une blanquette à

1. Il s'agissait en fait d'une femme, c'est son prénom mixte qui m'abusa, d'autant qu'il me paraissait plus concevable qu'un homme soit l'auteur de la circulaire. Les femmes aiment les photos qui vieillissent dans les cadres.

l'ancienne car, lui dit-elle, « Tu te souviens que mes parents viennent dîner ? »

Contrarié par cette invitation inopinée de sa belle-famille, M. Raynaud, négligeant la grosse enveloppe à bulles qui l'attendait, déjà soumise, décida de rédiger sur-le-champ une circulaire ayant pour but unique d'emmerder le monde et par là même de lui calmer les nerfs.

Après avoir longuement réfléchi à une circulaire touchant un problème ne nécessitant aucun suivi, vous pensez qu'il n'allait pas s'attaquer à la violence dans les écoles primaires ou à la modernisation des programmes, M. Raynaud eut une illumination : « Les photographies des élèves dans les établissements scolaires ».

D'une écriture appliquée, il écrivit : « Les prises de vues individuelles sont interdites dans les écoles car la photographie scolaire ne trouve sa justification que dans l'intérêt de fournir aux élèves un souvenir de leur classe. Il n'apparaît pas souhaitable de permettre la diffusion sur Internet de photographies d'élèves dès que ceux-ci sont identifiables. »

Ce sont les termes authentiques de la circulaire qu'il alla montrer à son chef de service. Ce dernier, en voyant M. Raynaud, ne cacha pas sa surprise : « Oh ! monsieur Raynaud, une circulaire, comme c'est gentil, figurez-vous que, comme depuis dix-huit mois vous n'en aviez pas rédigé, j'ai cru que vous étiez décédé. Mais pourquoi interdire les photos individuelles ?... »

M. Raynaud : « Parce que c'est inadmissible, ils sont déjà venus manger dimanche... » Oui, là il repensait à ses beaux-parents, mais son chef était tellement content de ce regain d'activité qu'il transmit le document à sa hiérarchie qui la communiqua hier au public.

Et voilà pourquoi, à cause de l'autre andouille qui a invité sa mère, on ne verra plus sur les télévisions de nos grand-mères, à côté du petit cygne en cristal sur le napperon, la photo jaunie de nos tronches de mômes en classe de CE2, ces photos qui nous regardent vieillir à chacune de nos visites à l'aïeule, ces photos qui semblent nous dire qu'on a grossi et qui nous demandent où sont passés les rêves de nos dix ans.

Même M. Balladur a sa photo de CE2. C'est fou de penser qu'il a eu dix ans, avec sa petite bistouquette qu'il montrait aux autres à la récré lors des concours de celui qui ferait pipi le plus haut [1]...

Dans la circulaire officielle, M. Raynaud justifie cette interdiction par le risque que les photos individuelles des enfants puissent se retrouver sur Internet et alimenter les fantasmes de pervers. Mais je ne vois pas en quoi les photos individuelles exciteraient plus les malades que la photo de classe avec trente mômes d'un coup, au contraire, y a pas de raison que des tordus aiment pas les partouzes.

Alors, ce matin, je voudrais m'adresser à l'épouse de M. Raynaud. S'il vous plaît, Madame, n'invitez plus jamais vos beaux-parents en semaine, ça fait pleurer les grand-mères.

1. Je vous laisse imaginer ma jubilation à prononcer les mots « la bistouquette de Balladur » à 8 heures du matin sur les ondes de la radio de France la plus écoutée à cette heure-là.

6 juin 2002

Lettre d'excuses

Y a des matins comme ça où vous avez le sentiment que vous ne trouverez pas la force de vous lever... vous venez de vous réveiller : vous étiez en train de rêver qu'on était dimanche, et tout vous tombe d'un coup sur les épaules. Et vous ne savez pas tout, vous allez voir les infos de 8 heures... c'est du sévère...

Alors, pourquoi, pour une fois, rien qu'une fois, vous ne resteriez pas couché ? Oui, je sais, vous allez me dire : « Ah ben oui, mais ça tombe mal, aujourd'hui j'ai les stats de gestion à faire »... mais elles peuvent attendre un jour de plus, les stats... ou alors : « Ah ben oui, mais il faut que j'emmène les enfants à l'école »... c'est pareil, on s'en fout... les mômes ont déjà rendu leurs bouquins, et, dans la classe, ils passent le temps en jouant au morpion, donc faites-leur plaisir à eux aussi, offrez-leur une journée à glander, ils vont regarder France-Uruguay et jouer à la Nintendo, tiens, à midi vous irez au McDrive leur acheter des nuggets, ils adorent ça, mais surtout avec la sauce barbecue...

Allez, faites-moi plaisir, faites-vous plaisir, restez couché.

Ah, vous voyez, que ça vous tente... j'ai l'impression d'être un petit diable qui vous parle dans l'oreille... gauche évidemment tandis que le baron Seillière, déguisé en ange, c'est-à-dire tout nu avec une plume, joue de la harpe près de votre oreille droite en vous disant : « Il faut vous lever, sinon vous portez préjudice à l'entreprise, c'est irresponsable... »

Attendez, laissez-moi lui dire deux mots : « Dis donc, toi, plume au cul, et Jean-Marie Messier qui multiplie son salaire par trois dans un groupe qui se casse la gueule, c'est responsable ? Et les bilans truqués, et les notes de frais pharaoniques, et les jetons de présence... tu veux qu'on en parle des jetons de présence ? Tiens, je te propose un marché, aujourd'hui tu gardes les jetons de présence et moi, aujourd'hui, j'ai pas les jetons de l'absence. »

Voilà, l'ange de malheur vous a laissé tranquille. Nous allons pouvoir rédiger votre lettre d'excuses.

Bon, comme vous avez déjà utilisé toutes les ruses grossières... du style... : « Allô, monsieur Berthon-Maillard... écoutez, j'ai 39 de fièvre, j'ai pas dormi de la nuit... », non, aujourd'hui, je vais vous servir d'alibi. Vous téléphonez au directeur et vous lui dites :

Cher Monsieur.........,

Sur les conseils de Guy Carlier de France Inter, j'ai décidé aujourd'hui de ne pas venir travailler et de rester couché. Vous allez dire que je n'ai aucune raison valable. Pour vous... Parce que, moi, j'en ai, une raison, et la seule qui vaille, j'ai envie de me faire plaisir, vous comprenez ça, attendez, je vais vous le répéter, Monsieur le Directeur, aujourd'hui j'ai envie de me faire plaisir.

Parce que j'en ai marre de subir les événements.

Depuis le 11 septembre dernier, ça n'arrête pas, et moi, chaque matin, je me prends les avions dans les tours, les voitures qui explosent à Jénine, les mômes assassins influencés par les films d'horreur, les dealers en Porsche qui écrasent des enfants, et les élections dimanche. Est-ce que vous avez vu, Monsieur le Directeur, la campagne des socialistes ? Quel enthousiasme, quel souffle, quelle exaltation, Hollande l'incarnation du rêve, mais ça on n'a pas le droit de le dire sous peine d'être accusé de lepénisation des esprits.

Il n'y a pas de lepénisation. Il y a juste la peur qui monte, inexorablement, avec les catastrophes programmées. Hier, j'ai entendu sur LCI un spécialiste annoncer sans sourciller qu'à partir de la semaine prochaine l'Inde et le Pakistan vont faire sauter une partie de la planète pour une affaire de Cachemire. Se déclarer la guerre pour des pulls de luxe, faut vraiment qu'ils soient pauvres, ces gens-là...

Remarquez, votre épouse aussi, Monsieur le Directeur, s'est battue pour le cachemire, un jour de soldes chez Christian Dior.

Pour toutes ces raisons, Monsieur le Directeur, j'ai décidé ce matin de rester au lit.

Voilà pourquoi, Monsieur le Directeur, je vais me retourner dans le lit, recouvrir la cheville de l'être qui dort avec moi, me blottir à ses côtés, bien remettre la couette en place et me rendormir sans l'ombre de la moindre culpabilité.

10 juin 2002

Lettre aux anciens amants

En ce lendemain d'élections législatives, j'ai décidé d'oublier un peu la politique et d'écrire une lettre « people » à ces deux anciens amants que chaque soirée électorale réunit malgré eux, je veux parler des deux présentateurs de journal télévisé.

Non, il ne s'agit pas de Bruno Masure et Joseph Poli, ni de Roger Giquel et Brigitte Simonetta, mais, bien évidemment, de Claire Chazal et P.P.D.A.

À chaque fois que je vois ces deux-là présenter une soirée électorale, je ne peux m'empêcher d'être bouleversé par leurs retrouvailles.

Il faut dire qu'hier soir TF1 avait fait les choses en grand pour cette émission spéciale législatives, puisque, au pied de l'immeuble de la chaîne, notre ami Jean-Marc Sylvestre exerçait les fonctions de voiturier.

Et là, une explication s'impose. Jean-Marc a été appelé la semaine dernière par la direction de TF1, et Mougeotte lui a dit : « Bon, Sylvestre, pour les législatives, on aimerait vous voir à côté des ténors de la vie politique. »

À ces mots, notre ami se rengorge, s'enthousiasme, s'exalte, enfin on reconnaît ses mérites, et le voilà qui répond à Mougeotte : « Oui, il me semble en effet que mon expérience, mon esprit d'analyse, ma classe naturelle me permettent de postuler à une telle responsabilité, donc je vais mener le débat, alors il me faudrait une grande table et puis il faut aussi prévoir des... »

Mougeotte : « Hum... non, Jean-Marc... j'ai pas dit mener le débat, j'ai dit côtoyer les personnalités, c'est-à-dire que tu les attends sur le trottoir, tu ouvres la porte de la Safrane, tu leur demandes s'ils veulent déposer leur manteau au vestiaire et, si c'est le cas, tu n'oublies pas de leur remettre un ticket, ensuite, tu les accompagnes dans l'ascenseur et de la même façon que dans le passé, aux Galeries Lafayette, le liftier annonçait : premier étage, lingerie, deuxième étage, vêtements pour enfants, etc., là tu annonces : premier étage, comptabilité, deuxième étage, service fournisseurs, etc. » Jean-Marc Sylvestre, déçu : « Ah bon ?... je ne vous cache pas que j'voyais pas tout à fait les choses comme ça... »

Mougeotte : « Ah mais, attends, c'est pas fini, c'est toi aussi qui les raccompagnes lorsqu'ils ont fini et qu'ils s'en vont pour aller dire la même chose à France 2. Tu descends avec eux dans l'ascenseur et tu les salues chaleureusement. »

Hier, Jean-Marc en fit un peu trop dans les salutations chaleureuses, puisque, lorsqu'un homme politique quittait TF1, il l'embrassait comme le font nos tantes de province quand nous reprenons la route après le déjeuner dominical, c'est-à-dire qu'il alternait bises sonores et imprécations de toutes sortes.

Ça donnait : Bon, allez *(smack)*, rentrez bien, monsieur Fillon.

Et surtout *(smack)*, soyez prudent sur la route.

Et puis *(smack)*, bonjour à Simone *(smack)*.

Puis, comme le font aussi les tantes de province

presque en cachette, il remettait dans une serviette en papier quelques toasts provenant du buffet de TF1 en disant : « Tenez, monsieur Fabius, pour la route », l'autre avait beau répondre : « Merci, mais je n'ai pas faim, monsieur Sylvestre », Jean-Marc insistait : « Mais si. Mais si, ça se mange sans faim, prenez, sinon ça va être perdu... Ça se trouve, c'est les ouvriers du service nettoyage qui vont les manger... »

Et, tandis que la Safrane s'éloignait, il hurlait ses derniers conseils : « Pour France 2, c'est gauche, gauche et droite, euh... non, d'ailleurs quand on quitte TF1, France 2 c'est plutôt gauche, gauche et gauche... »

Pendant ce temps-là, là-haut, en plateau, nos deux anciens amants menaient le débat. On les devinait sereins. Le temps a fait son œuvre, les blessures de P.P.D. sont cicatrisées, les plaies de Claire sont Couturées, on imaginait leur rencontre juste avant que ne démarre l'émission :

Lui : « Bonsoir, Claire, tu es très belle ce soir. »

Elle : « Toi aussi, Patrick, t'as l'air en forme, et puis tes cheveux, là c'est mieux, ça fait moins ramené de sur le côté. »

Lui : « Merci, ah, t'as mis le tailleur blanc cassé... »

Elle : « Oh, j'avais même pas fait attention. »

Bien sûr que si, elle avait fait attention, ce petit tailleur dégriffé de chez Dior, elle le portait à leur premier rendez-vous d'amoureux, un jour où comme hier elle n'avait pas mis de chemisier dessous, juste sa peau bronzée ressortant sous le blanc, elle savait que ça le troublait.

La soirée législative se passa sans encombre. On

sentait qu'elle voulait lui montrer qu'elle avait fait des progrès, qu'elle n'était plus bêtement fascinée par Balladur, oh, évidemment, elle eut quelques absences, notamment face à Bayrou lorsqu'il a dit sans rire : « D'accord, je n'ai fait que 5 % des voix, mais je n'avais de candidats que dans une circonscription sur cinq, donc normalement j'aurais dû faire 25 % », ce qui est quand même une énorme connerie. Claire, très impressionnée, répondit : « C'est vrai. » Mais dans l'ensemble tout se déroula à peu près bien et lorsque P.P.D. annonça : « Cette soirée spéciale est terminée, au nom de la rédaction je vous remercie... », il se retourna vers elle et ajouta avec un regard complice : « Ainsi que Claire... »

À cet instant, c'était comme s'il n'y avait plus qu'eux deux, comme si un Tzigane jouait du violon et pourtant sur le plateau, sur le plateau de TF1, il n'y avait que Jean-Louis Debré.

Je zappais sur France 2, juste au moment où un journaliste nommé Zinedine Boudaoune annonçait la défaite de Bruno Mégret à Vitrolles.

Comme disaient tous les hommes politiques hier soir, ce scrutin donnait malgré tout des raisons d'espérer.

11 juin 2002

Lettre à l'action de TF1

Chère Action de TF1 (enfin de moins en moins chère puisque tu as perdu 26 % en un an et, justement, c'est à ce propos que je t'écris). Comment as-tu pu en arriver là, toi qui étais si belle, toi dont le cours, passant de 19 à 99 francs, enchantait Jean-Marc Sylvestre, au point qu'il t'avait encadrée au-dessus de son lit ? Quant à Jean-Pierre Gaillard, c'est à peine si j'ose le dire, il lui arrivait fréquemment de s'enfermer dans les toilettes du palais Brogniart pour se livrer à des pratiques solitaires en regardant tes courbes généreuses.

Il faut dire que tu étais bien nourrie, Chère Action de TF1.

Et là, un peu de technique boursière s'impose. Une action, comment ça marche ?

Une action se nourrit de la sueur de travailleurs qu'elle transforme en graisse de capitaliste, c'est-à-dire que plus le travailleur transpire, plus l'actionnaire grossit.

Malheureusement, parfois la sueur du travailleur n'est plus assez nourrissante. Alors, l'action tombe malade. On appelle cette maladie : la conjoncture défavorable. Elle est terrible, cette maladie. Tout le monde la craint.

Lorsqu'une action est malade, on la met sous perfusion avec un plan de licenciement et, très vite, l'action retrouve des couleurs.

Le plan de licenciement, c'est la chimio des actions lorsqu'elles souffrent de conjoncture défavorable.

Mais il arrive que ce ne soit pas suffisant. Car parfois, après un plan de licenciement, l'action fait un rejet de la sueur de travailleurs français, alors, pour la sauver, il faut lui administrer d'urgence une bonne délocalisation, et la nourrir de sueur d'enfants thaïlandais.

Les actions raffolent de la sueur d'enfants asiatiques.

Toi, Chère Action de TF1, c'est un peu différent. Certes, tu aimes à l'occasion te nourrir de la sueur de techniciens, mais ce qui te différencie de toutes les autres actions, c'est que tu te nourris, et pardon d'utiliser ce mot à une heure de petit déjeuner, que tu te nourris, disais-je, de caca.

Et tu as été bien nourrie, on t'a même gavée, ce qui fit grossir ton cours jusqu'à 99 francs. Et puis, tu es tombée malade, et aujourd'hui tu as perdu 26 % en un an, provoquant par là même un ulcère gastrique à Jean-Pierre Gaillard. À ce propos, je sais que c'est cruel, mais tellement drôle, regardez LCI lorsque la Bourse est en baisse, rien que pour voir la tête que fait Jean-Pierre Gaillard. On dirait Harpagon dans *L'Avare*, ma cassette... on m'a assassiné... Car voilà un garçon qui souffre, dans sa chair, à chaque baisse et, lorsqu'il stresse, Jean-Pierre transpire et, lorsqu'il transpire, Jean-Pierre luit. C'est dû à un excès de sébum, m'a expliqué Hélène Cardin. Eh bien, hier, lorsqu'il a annoncé que l'action de TF1 perdait 1,25 %, on aurait cru un arbre de Noël.

Chère Action de TF1, dans un peu plus d'une heure, lors du match France-Danemark, c'est ta vie que tu vas jouer. Et c'est jubilatoire de penser que Lelay et Mougeotte trembleront à chaque tir danois, réclameront des hors-jeu imaginaires et traiteront l'arbitre d'enculé.

C'est jubilatoire, disais-je, d'imaginer que la glorieuse incertitude du sport risque de faire perdre beaucoup d'argent à de petits porteurs de droite. Car, tous les bons tailleurs vous le diront, les petits actionnaires portent à droite.

Tout le monde pense à ce match, à TF1. Tiens, hier soir, dans l'émission « Tous ensemble » – rappelons que « Tous ensemble » était le slogan des ouvriers de l'usine Renault de Vilvorde –, après un interminable écran publicitaire, Jean-Pierre Pernaud a annoncé : « Bienvenue à Combien ça coûte. » Le lapsus freudien est révélateur, et je crois que, tout à l'heure, c'est TF1 qui risque d'apprendre combien ça coûte une élimination au premier tour de la coupe du monde de football.

Aujourd'hui, Chère (enfin pas assez) Action de TF1, le match de foot France-Danemark, c'est la Bourse ou la vie.

12 juin 2002

Lettre à Monsieur Guy Baret, éditorialiste au *Figaro*

Monsieur,

Après l'élimination sans gloire de l'équipe de France de foot, j'aurais pu ce matin écrire aux joueurs, mais ce serait injuste de brûler cette équipe après l'avoir adorée, tant elle a mis d'étoiles dans les yeux des enfants.

À propos d'étoiles, j'aurais pu écrire également au responsable du marketing de chez Adidas qui, avec ses affiches aux deux étoiles, insupportables de morgue et de suffisance, est parvenu à pourrir l'image d'une marque en une seule campagne publicitaire.

Un autre thème très important aurait justifié une lettre. L'insécurité. Hier, à la télé M. Sarkozy a déclaré qu'il publierait chaque mois l'indice de délinquance. Ça, c'est une annonce rassurante. L'indice de délinquance. On sait pas trop ce que c'est, mais en tout cas ça sonne bien, je ferai juste un reproche à Cruch... (on entend la musique du *Gendarme de Saint-Tropez*, la-la-la-la) à M. Sarkozy, mais pourquoi se limiter à une parution mensuelle, pourquoi pas chaque jour pendant qu'on y est, ou heure après heure, ou, mieux encore, en temps réel, comme le CAC 40, on verrait, comme sur LCI, la variation en bas à droite de l'écran, une bijouterie place Vendôme : hop ! l'indice augmenterait, une arrestation, il diminuerait.

Si M. Sarkozy avait publié hier son premier indice de délinquance, il en aurait été très fier, puisque les arrestations se sont multipliées ces derniers jours.

Euh, non, on n'a pas encore arrêté les casseurs de bijouteries ou de bureaux de change. En revanche, dans la seule journée d'hier, on a arrêté 11 individus après une enquête de 10 mois, c'est vous dire s'ils sont dangereux, il s'agit de salariés de l'usine AZF, de Toulouse. Non, pas des cadres, pas des dirigeants, pas Desmarets, mais des pointures et, parmi ces individus terrifiants au point qu'on les a gardés à vue toute la nuit, il y a Paulo, quarante-trois ans, qui exerce la fonction de manutentionnaire coefficient 150. Si on l'a mis en garde à vue, c'est que la police doit le considérer comme le cerveau. Sur la route de Blagnac, au bistrot *Le 4-21*, où Paulo a ses habitudes, ils sont assez surpris, vu que c'est bien la première fois de sa vie qu'on l'appelait le cerveau.

Non, ce matin, l'essentiel de l'actualité, Cher Monsieur Baret, c'est votre article sur trois colonnes à la une du *Figaro*, que dis-je un article, un éditorial, un pamphlet, une diatribe, on n'a rien connu de plus subversif depuis le *J'accuse* de Zola, puisque votre factum a pour titre : « Les habitants de Valfleury devenaient chèvres ». Et, en ces temps tourmentés, un quart de page à la une du *Figaro*, ça repose.

Vous nous parlez d'une paisible commune – déjà

le mot paisible nous raffarine, ça sent la France d'en bas –, Valfleury, une charmante bourgade de 519 habitants, admirez la précision, la marque des grands reporters, des investigateurs intransigeants, d'ailleurs il paraît qu'on vous surnomme le Albert Londres du *Figaro*, Christine Clerc vous surnommant même, dans l'intimité, mon petit Pulitzer.

Vous nous expliquez que Valfleury a voté, en plus des législatives, mais le même jour, afin de savoir s'il fallait, oui ou non, conserver le nom des habitants de Valfleury, à savoir les Coflachures, un nom venu de l'époque où les autochtones étaient éleveurs de chèvres, mais pas très honnêtes puisque coflachures signifie « ceux qui vendent leurs chèvres après leur avoir fait gonfler le pis en le frottant avec des orties », une escroquerie destinée à faire croire que les chèvres donnaient plus de lait qu'en réalité.

Les habitants de Valfleury trouvent ce nom de Coflachures péjoratif et ont voté pour s'appeler désormais les Valfleurins...

Mais là où vous nous démontrez tout votre talent, c'est lorsque vous parvenez, cher Monsieur Baret, avec une information aussi insignifiante, à distiller une brillante analyse politique dont *Le Figaro* a le secret.

Car, passant des frotteurs de pis à l'actualité, voilà soudain que vous saluez « une heureuse initiative qui illustre les bienfaits de cette démocratie de proximité dont les élus nous chantent la nécessité ».

Jamais j'aurais pu faire le rapprochement entre les gonfleurs de pis et la démocratie de proximité. Heureusement qu'il existe encore de grands journalistes pour nous éclairer.

Merci, Monsieur Baret.

Et puis surtout, 519 Coflachures en moins, voilà qui va sensiblement améliorer l'indice de la délinquance.

13 juin 2002

Lettre d'allégeance

Dans l'hebdomadaire *L'Express* de cette semaine, la rubrique intitulée « Les indiscrets » rapporte que notre président, Jean-Marie Cavada, aurait adressé un mot élogieux à Jean-Pierre Raffarin en lui signifiant son envie de participer à son gouvernement. Le P.-D.G. de Radio France ne cachant pas son désir de prendre les rênes d'un secrétariat d'État à la Communication.

Tout d'abord, Messieurs les Journalistes de *L'Express*, je pose la question : pourquoi parler d'indiscrétion ? Il n'y a rien de secret dans ce désir légitime, au contraire, il faut que tout le monde sache que, s'il est une personnalité qui peut prétendre obtenir le portefeuille de la Communication, c'est bien Jean-Marie Cavada.

Car il n'y a aucune raison que nous soyons, à Radio France, les seuls à bénéficier de ses talents de communicateur, il faut que la France entière puisse jouir de ses discours. C'est vrai, à la fin, pourquoi seulement nous, pourquoi réserver ce suc rhétorique à une élite, pourquoi le peuple n'aurait-il pas droit lui aussi à la substantifique moelle de ce style flamboyant qui rappelle Émile Verhaeren à sa meilleure époque, ce style construit essentiellement sur des métaphores maritimes interminables, et aux phrases si longues que seule la suffocation parvient à en venir à bout ?

Tiens, faisons un rêve, imaginez le journal de P.P.D.A. et ce dernier qui lance : « Je reçois aujourd'hui M. Jean-Marie Cavada, ministre de la Communication... »

Et là, notre ministre qui attaque en disant : « Je serai bref. »

À ces mots, P.P.D. esquisse un discret signe de croix et J.-M.C. commence : « Comme les caravelles de Christophe Colomb voguant vers un nouveau monde, la France doit larguer la grand-voile pour affronter les tempêtes qui s'annoncent, avec le courage de ces marins bretons aux visages burinés car, oui, j'aime Paimpol et sa falaise, son église et son grand pardon, alors, le bateau *France* avec l'amiral Chirac à la barre, se jouant des écueils et des barrières de corail, entendra sa vigie Raffarin crier terre le premier. Et quand la France accostera à ces rives nouvelles... » À cet instant, P.P.D. vient de se tirer une balle dans la bouche...

Sérieusement, pour être honnête, ce soutien à M. Raffarin me ravit, moi qui suis un raffariniste de la première heure, tout le monde l'aura remarqué. D'ailleurs tous ici au 7-9 soutenons l'action de notre Premier ministre, dont les résultats initiaux sont particulièrement spectaculaires.

Donc, afin de faciliter l'entrée de Jean-Marie Cavada au nouveau gouvernement, nous avons décidé de donner au 7-9 de France Inter une couleur plus... raffariniste.

Tout d'abord voici le nouvel indicatif du 7-9...

(On entend le générique Pathé Cinéma des années

50 avec le chant du coq, suivi d'une voix de speaker de ces années-là.)

Le Président du Conseil, M. Raffarin, a visité hier une école communale. Il était accompagné de son ministre de la Communication, M. Cavada, qui a affirmé que l'Éducation nationale tel un navire au milieu des tempêtes gardera sans défaillir le cap de la connaissance.

Chers auditeurs, vous allez maintenant écouter notre bulletin de politique intérieure. Mme Geneviève Tabouis, actuellement souffrante, est remplacée aujourd'hui par M. Lemarc, de même que, dans le cadre de la raffarinisation des programmes de Paris Inter, Mme Pascale Clark a été remplacée par Petula Clark.

Une dernière chose : bonne chance à ceux qui passent l'épreuve de philo du bac, il paraît que cette année vous risquez de tomber sur l'éthique, alors, surtout, n'oubliez pas d'inventer des citations, si vous êtes dans l'esprit de l'auteur, les profs ne peuvent pas avoir tout lu...

Si vous avez un doute, citez Jean-Marie Cavada : « L'éthique est un navire ballotté au gré des tempêtes corruptrices. »

20 juin 2002

Photo de groupe avec dames

Ça ressemble à une photo de classe. On la voit ce matin dans tous les quotidiens.

Première constatation : sur un plan purement technique, la photo est sous-exposée – bravo, le photographe de l'Élysée –, du coup, on ne perçoit qu'une grosse masse sombre de costumes Dormeuil de laquelle ressortent deux taches claires... Alors, les deux taches du gouvernement sont... non, là, ça va encore être mal interprété, et après on va encore m'accuser d'être de gauche. Combien de fois devrai-je répéter que je ne suis pas de gauche, la preuve, c'est que je n'aime pas Fabius... Hein ? non, effectivement, à la réflexion, c'est pas une preuve...

Je disais que les deux touches de gaieté sur cette photo austère sont Michèle Alliot-Marie en veste blanche et Roselyne Bachelot en tailleur rose dragée... Michèle Alliot-Marie est figée dans un garde-à-vous impeccable, oui, alors là, depuis qu'elle est ministre des Armées, elle est en permanence au garde-à-vous, c'est incroyable, il faudrait lui dire qu'elle n'est pas obligée de se tenir comme ça tout le temps. Roselyne Bachelot, quant à elle, porte un ensemble rose qui n'est pas sans rappeler Shirley des Achille Tonic, vous savez, la dame qui dit tout le temps : « Mais arrête »...

Et puis, comme sur toutes les photos de classe, il y en a un qui fait le con, je vais le cafter, c'est le ministre qui se trouve complètement à gauche au premier rang. M. Mattei... M. Mattei qui, pour faire rire ses camarades, fait le salut militaire, et on devine qu'il a envie de faire des oreilles de lapin à Gilles de Robien.

Cette photo de groupe avec dames ressemble à une photo de classe, mais c'est une photo de profs. Eh oui, ce sont nos nouveaux profs.

C'est paradoxal, ce sentiment de rentrée des classes alors que les vacances approchent, vous savez, cette époque où l'on est en roue libre, ça se sent à des détails imperceptibles, Stéphane Paoli ne met plus de chaussettes, Hélène Cardin ne porte plus de sous-vêtements, mais pourtant c'est la rentrée politique et, de même qu'à chaque rentrée des classes on s'interrogeait avec angoisse, vous vous souvenez : « T'as qui en maths, Zermatti ? ah, tu vas en chier », je vais vous parler brièvement de vos nouveaux profs. Bon, le dirlo n'a pas changé, c'est toujours Chirac, mais on a changé de proviseur, l'an dernier on avait Jospin, ils l'ont viré, faut dire que c'est un peu notre faute, il y avait de plus en plus de bordel dans la cour de récré, mais lui il nous laissait faire, ce qui l'intéressait c'était de nous apprendre, il disait toujours : « S'ils apprennent, ils seront calmes », seulement y en a eu plein qui ont eu peur dans la cour, et comme Jospin descendait jamais dans la cour, il ne s'en rendait pas compte.

Cette année comme proviseur on va avoir Raffarin, on le connaît pas bien, il vient d'un collège de province.

À propos, Jospin, mine de rien, ça fait pile deux

mois qu'il est en vacances, et là il va enquiller avec juillet et août. Quatre mois, ça va aller quand même pour se remettre...

Remarquez, je suis là à ricaner, si ça se trouve, il est dépressif, il paraît que les Jospin sont enfermés chez eux, volets clos, qu'ils ne se lavent plus, Jospin s'est laissé pousser la barbe, Sylviane pète au lit, ils se nourrissent de conserves dont les boîtes vides jonchent le sol aux côtés de traités de philosophie désormais inutiles, et le couple passe ses journées à regarder la télévision et à boire le chianti ramené de Palerme.

Le C.P.E., vous savez, l'ancien surveillant général, je précise ça pour Stéphane Paoli, eh bien, le nouveau C.P.E. c'est Cruchot... enfin, ce sont des élèves insolents qui l'ont surnommé ainsi, il s'appelle M. Sarkozy. Lui, pour rassurer les trouillards, il descend beaucoup dans la cour, il va voir les surveillants. Et puis, il y en a un qui n'est pas sur la photo, c'est M. l'Inspecteur, il ressemble au croque-mort de Lucky Luke, c'est M. Juppé. Comme c'est lui qui note les autres professeurs, ils ont tous peur de lui.

Je ne sais pas pourquoi, en regardant cette photo de nos nouveaux profs, j'ai comme l'impression que, cette année, on va en baver.

21 juin 2002

Lettre à Jack Lang, pêcheur d'Islande

Monsieur le Ministre de la Culture à vie,

Vous êtes aujourd'hui l'invité du « Fou du roi », l'excellente émission de Stéphane Bern. Pendant deux heures, vous allez faire l'andouille avec nous, et, à cette idée, je ne peux m'empêcher d'avoir une pensée émue pour les habitants de Boulogne-sur-Mer qui vous ont élu il y a quelques jours et à qui vous avez promis, dès dimanche soir, que vous vous mettiez immédiatement au travail, notamment sur le dossier de la pêche menacée par les directives européennes, et qu'ils ne seraient pas déçus.

J'imagine le petit patron pêcheur à la barre de son chalutier qui vient de partir en mer au milieu des embruns et qui songe : « C'est dur, mais Jack Lang s'occupe de nos dossiers »... et sa tête à midi quand il allumera sa radio et qu'il vous entendra rigoler avec Do et Catella.

À votre décharge, Monsieur Lang, je peux révéler aujourd'hui au pays que votre investiture nordiste est le fruit d'un malentendu. Quand les caciques du P.S. vous ont dit : « Tiens, Jack, tu t'es fait jeter de Blois comme un malpropre, alors comme nouvelle circonscription on te propose Boulogne », vous avez pensé : « Ouais, super, Boulogne, c'est classe, Roland-Garros, le Bois, le Jardin d'acclimatation », et vous avez accepté avec enthousiasme.

François Hollande vous a dit très vite : « Bon, tu signes là ! » et quand ça a été fait, il a ajouté tout bas : « Sur-Mer... »

Vous : « Quoi ? »

Hollande : « Sur-Mer... Boulogne-sur-Mer. »

Et là, votre chemin de croix a commencé...

Vous avez dû, pendant la campagne, apprendre plein de choses qui vous étaient étrangères. Un exemple au hasard : les thons. Vous, Monsieur Jack Lang, s'il est un sujet qui vous est étranger, c'est bien les thons. C'est pas votre truc, la pêche aux thons. Et, quelques jours avant l'élection, vous avez enfin pris le premier thon de votre vie... mais il faut reconnaître que vous n'aimez pas ça et c'est tout...

J'ironise, je persifle, mais tout le monde se plaît à reconnaître que vous fûtes un grand ministre de la Culture. C'est bien simple, pendant toute la durée de la Ve République, il n'y eut que deux grands ministres de la Culture, Malraux qui fit nettoyer tous les monuments de Paris et vous qui les fîtes taguer.

Oh, bien sûr, il y en eut d'autres, Druon, que *Le Canard enchaîné* appelait Druon-la-Joie, dont on se souvient juste qu'il dénonçait les artistes qui tenaient la sébile d'une main et le cocktail Molotov de l'autre. Il y eut également Toubon, qui se trompait toujours dans ses fiches pour ses hommages aux morts... vous vous rappelez de Toubon ? Il avait une tache dans le cou, comme si l'Oberleutnant

Schpountz de *Papy fait de la résistance* l'avait brûlé avec le fer à repasser... Oui, je sais, on se moque pas du physique mais il faut avoir le courage de dire que, pendant des années, les journalistes, fascinés par cette tache, faisaient surtout attention à ne rien dire alors qu'ils ne voyaient que ça, cette tache énorme dans le cou de Jacques Toubon.

Du coup, ça ressortait de manière psychanalytique. Je me souviens d'une interview de Jacques Toubon où le journaliste lui demanda s'il n'était pas inquiet devant l'ampleur de sa tache...

Mais si je vous écris aujourd'hui, Monsieur le Ministre de la Culture à vie, c'est parce que vous êtes l'initiateur de la fête de la musique qui a lieu aujourd'hui, cette journée où tous les mauvais musiciens descendent dans les rues. L'année dernière, dans ma rue, il y avait un saxophoniste torse nu qui n'a joué qu'une note pendant trois heures, et un griot mauritanien qui s'accompagnait d'un instrument de musique constitué d'une coucourde séchée dans laquelle un bâton planté ne tenait qu'une seule corde, que le griot pinçait en récitant des légendes massaï... en swahili... alors évidemment, quand vous ne parlez pas le swahili, vous perdez les nuances et vous n'entendez plus que la note unique et lancinante, et vous avez très vite envie d'égorger le griot.

Heureusement, le jour de la fête de la musique, il y a aussi de la bonne musique, comme ici où l'ensemble de la rédaction de France Inter va maintenant rendre hommage à la fête de la musique...

On entend les journalistes du 7-9 chanter :

Le petit bonhomme en mousse
Qui s'élance et rate le plongeoir

C'est comme la chanson douce
Que chantait ta maman le soir

Pour ce moment de grâce, merci, Monsieur Lang...

24 juin 2002

Lettre à un nouvel ami

Cher Monsieur Abou,

Si je dis que vous êtes notre nouvel ami, c'est pour vous remercier de nous avoir donné ce week-end des informations rassurantes sur l'état de santé de notre ami le mollah Omar, dont nous étions sans nouvelles depuis quelques mois. Rappelons qu'après sa fuite à Motobécane dans le désert, il était tombé en panne et qu'après avoir poussé sa mobylette pendant trois jours il était arrivé à bout de forces dans une ferme pakistanaise où il fut d'abord sauvagement mordu au mollet par un chien hargneux et un dindon, avant que les paysans, le prenant pour un vagabond, ne lui passent la bite au cirage puis le chassent à coups de pierres.

Nous étions rongés par l'inquiétude, quand ce week-end, Monsieur Abou, grâce à votre communiqué à la télévision Al-Jezira, nous avons appris avec soulagement qu'Omar allait bien.

Le problème, c'est qu'on n'a toujours pas vu d'images du mollah, que nous devons donc vous faire confiance, et d'aucuns, en voyant votre photo ce matin dans la presse, ces petits yeux cruels et ce visage ingrat, seraient tentés de ne pas vous faire confiance, heureusement, Cher Monsieur Abou, vous avez un gros ventre.

Et un martyr de l'islam gros patapouf, c'est rassurant, même si ça fait pas sérieux. Le type qui dit : « Je me battrai jusqu'à la mort, mais avant, tiens, Yasmina, j'reprendrais bien de l'agneau aux olives et des loukoums, là, ceux en nougatine avec du miel qui déborde », on n'y croit pas.

On comprend bien que le but d'Al-Qaida est de mettre un Zermatti[1] dans la tête de l'Occident, mais quand, dans votre message, vous annoncez que les États-Unis doivent serrer leur ceinture de sécurité alors que, vous, vous n'arrivez même pas à boucler la vôtre, franchement, ça le fait pas.

Et puis, prendre comme porte-parole un type qui ressemble à Carlos, c'est pas une bonne idée... « Je déclare que les États-Unis doivent trembler... » On a envie de lui dire : « Bon, d'accord, on a vachement peur, mais, avant, est-ce que tu peux nous chanter tirelipinpon sur le chihuahua... »

En tout cas, Abou, nous on t'aime bien. Parce que tu nous donnes des nouvelles du mollah Omar. Et que nous éprouvons pour ce dernier une grande tendresse depuis qu'on a découvert qu'il avait décoré sa maison à Kaboul comme celle d'Orlando, le frère de Dalida.

Donc, Cher Monsieur Abou, vous nous avez donné des nouvelles d'Omar qui, après s'être échappé de la ferme pakistanaise, a fini par vous retrouver. Normalement, c'est lui qui devait faire la cassette destinée à terrifier les États-Unis, mais il en a été empêché. Il était malade après avoir abusé de

1. Voir page 233.

l'afghan nouveau. Il faut dire que, pour fêter vos retrouvailles, vous et Omar avez passé des soirées à jouer du Neil Young en fumant des pétards, Omar, dans un demi-coma, murmurait : « Abou, il faut que je fasse la cassette pour faire peur aux États-Unis », et puis il s'endormait comme une masse.

Finalement, c'est vous, Cher Abou, qui avez enregistré ce message, non sans mal, puisque, dès que vous commenciez à vous filmer au caméscope en disant : « Les États-Unis doivent s'attendre à ce qu'on leur fasse... », là, y avait Omar qui chantonnait : « Tirelipinpon sur le chihuahua... »

Vous : « Ah ben non, Omar, merde, ça fait trois fois qu'on le refait... Les États-Unis doivent s'attendre à ce que... »

Et là, y a Yasmina qui entre en hurlant : « Dis donc, Abou, c'est toi qui as mangé tous les loukoums à la nougatine et au miel ?... »

Finalement, vous avez préféré téléphoner votre communiqué.

25 juin 2002

Lettre à la connerie universelle

À la télé, hier soir, des images effrayantes. En Arizona, 155 000 hectares sont en flammes. Au départ, il s'agissait de deux incendies d'origine distincte qui ont fini par se rejoindre. Deux feux allumés par l'homme. Pas par malveillance, non, par connerie, de la pure connerie, pas de la frelatée, non, de la vraie, de la bonne, de l'inaltérée.

Le type s'appelle Chuck. Il vit à Phoenix. Il vend des voitures d'occasion, boit de la Budweiser et porte des tee-shirts Iron Maiden trop courts qui laissent déborder son ventre.

Il y a quelques semaines, une fille est venue lui acheter une Pontiac. Il a été séduit par ses cheveux blonds, ses seins énormes et ses tenues de très bon goût, minijupes à franges et santiags, oh, bien sûr, il a commencé à avoir des doutes lorsqu'elle se mettait à rire très fort pour un rien, et puis il a fini par se rendre compte qu'elle était complètement idiote. Alors, il lui a écrit : « Cindy, je ne t'ai jamais autant aimée qu'aujourd'hui et pourtant, tu vas rire, je te quitte, car tu es décidément trop conne. »

Et Cindy a effectivement ri très fort et est allée se cacher dans la forêt pour pleurer, elle a relu la lettre et puis elle s'est énervée toute seule, elle a crié : « Salaud, va brûler en enfer », et elle a mis le feu à la lettre et, pour pas salir le chemin, elle a jeté la lettre enflammée sur un amas de bois mort que les forestiers entassent lorsqu'ils nettoient les sous-bois [1].

Molly est garde forestière à l'autre bout de la région. Elle n'est pas très expérimentée et s'est égarée dans cette grande forêt. Voyant la nuit tomber, cernée par les arbres, la panique l'a saisie, elle a appelé les secours avec son téléphone portable, mais elle était incapable de préciser où elle se trouvait. Elle a juste dit aux services d'urgence : « Je suis perdue, envoyez un hélico à ma recherche, pour l'aider à me repérer, je vais allumer un petit feu[1]... »

Mais il y a plus con que Cindy et Molly. Tiens, prenez Moussef. Moussef s'est marié il y a quelques jours, dans une zone tribale pakistanaise. Les invités, comme il est de coutume, ont joyeusement déchargé leurs armes en tirant en l'air pour célébrer l'événement, lorsque Moussef, tout excité, a dit : « Attendez, attendez, moi j'ai encore mieux », il est allé chercher un mortier et un obus, mais, ayant abusé de l'afghan, il a mis l'obus à l'envers sur le mortier. Lorsqu'il a mis à feu, le truc lui a explosé à la tête, ainsi qu'à celle de 21 autres invités, 22 morts[1], ils devaient ressembler au coyotte qui court après Bip-bip, ils ont dû rester un instant debout calcinés, puis se désagréger en 22 petits tas de cendres.

En France, tout le week-end, on a vu sur nos écrans de télévision l'avis suivant : « Des traces d'acide cyanhydrique, de mercure, d'acétone et d'ammoniaque ont été décelées dans un produit de

1. Authentique.

consommation courante. » Il fallait appeler un numéro d'urgence. Affolé en pensant à mon fils, me demandant si ce produit de consommation courante était l'eau du robinet, le lait en briques, les céréales, j'ai essayé pendant deux jours de joindre ce numéro qui, évidemment, n'était jamais libre.

La France entière a passé deux jours à claquer des dents à se dire que ça y était, le mollah Omar nous avait foutu l'anthrax dans l'eau du robinet... Eh bien, non, il s'agissait d'une pub pour la campagne antitabac. On peut être pour ou contre la méthode qui consiste à terroriser un pays pendant un week-end, mais ne pas prévoir suffisamment de standardistes pour répondre à la panique des populations, vous avouerez que ça dépasse la connerie humaine, ça vient d'ailleurs, d'une autre galaxie, de Sirius.

Ce matin, un article terrifiant dans *Le Figaro*. L'humanité exploite la biosphère à 120 %. Une étude scientifique démontre qu'en 1961 l'homme n'utilisait que 70 % des capacités naturelles et que ce taux a grimpé a 120 % en 2001. Autrement dit, l'humanité dilapide le capital Terre qui à ce rythme en a pour un siècle de survie.

Pas un seul candidat n'a parlé de ça pendant les récentes campagnes électorales françaises.

Ce matin, la presse fait ses grands titres du combat de Debré contre Balladur pour le perchoir de l'Assemblée nationale.

Je m'interroge : les hommes politiques sont-ils vraiment cons, ou nous prennent-ils vraiment pour des cons ?

27 juin 2002

Lettre à un buveur de bière

La photo se trouve en page 4 du *Parisien* de ce jour. La légende précise : « Au sommet du G8, Jacques Chirac s'entretient de l'état du monde avec le Premier ministre canadien, Jean Chrétien. »

En examinant le cliché (voir page 277), on constate que Chirac ne s'entretient de rien du tout, vu que notre président est en train de boire une bière avec une solennité voluptueuse impressionnante.

Et là, franchement, on est fier d'être français. Car ce qui frappe dans son attitude, c'est le recueillement, la concentration, cette espèce de majesté, et puis ce regard tendu vers l'horizon comme un défi aux problèmes du monde.

Sur le plan purement chorégraphique, l'équilibre parfait de ce grand corps assis n'est pas sans rappeler les plus pures esquisses de Léonard de Vinci. Par exemple, le bras qui tient le verre est plié dans une équerre parfaite et, si vous observez le petit doigt du président, vous constaterez qu'il est légèrement relevé pour montrer qu'on est au sommet des huit dirigeants les plus puissants de la planète et pas chez Dédé, routier à Aubergenville, mais que l'auriculaire n'est pas trop relevé non plus, pour ne pas prêter à la moindre équivoque...

Face à lui, le Premier ministre canadien le

regarde, visiblement impressionné. On le sent même abattu, on devine qu'il vient de prendre conscience de sa médiocrité, de comprendre ce que signifie « la grandeur de la France ».

Car lorsque Chirac boit une mousse, c'est Bonaparte au pont d'Arcole, Bayard au Garigliano, de Gaulle en juin 1940, c'est bien simple, on a envie de se lever, de se mettre au garde-à-vous, de crier Vive la France puis de chanter une *Marseillaise* tonitruante, nationale et unitaire, car, devant cette photo, que ce soient les Corses ou les Beurs du stade de France, tout le monde marseillaiserait sans réserve.

Le Canadien, effondré, vient de réaliser qu'il ne dirigera jamais qu'un pays de trappeurs et de bûcherons. Il a posé son verre sur la table devant lui, en plus, comme il ne sait pas bien servir la bière, il a mis beaucoup trop de mousse, on imagine que Chirac lui a fait remarquer : « Dis donc, Chrétien, tu verses la bière comme un bleubite. »

Et il lui a montré comme il fallait faire, en penchant juste ce qu'il faut le verre pour faire apparaître le centimètre et demi de mousse réglementaire.

La photo est magnifique. On dirait un tableau de l'école flamande. Un Breughel qui s'intitulerait : *Le Buveur de bière*.

Notre président boit et, dans sa mâle assurance, on imagine que, lors des sommets qu'il a fréquentés depuis cinq ans, il n'a jamais pu savourer une bière sans culpabiliser, avec l'autre, là, Jospin, qui l'humiliait à chaque fois. Le soir, Chirac disait : « Allez, Lionel, on a bien travaillé, si on se tapait une petite mousse ? » Immanquablement, l'autre répondait : « Non merci, monsieur le Président, je reste à la Cristaline pour garder les idées claires... »

Et là, pour la première fois depuis cinq ans, Chirac est seul à représenter la France, il n'a plus l'autre en permanence dans son dos à refréner ses enthousiasmes, autant dire qu'il est le roi du monde.

Il va d'un chef d'État à un autre en lançant :

« Vous avez vu ? Je peux prendre mes décisions tout seul, vous vous souvenez, avant y avait toujours l'autre, là, qui me suivait partout. Mais si, rappelez-vous, il avait des cheveux blancs avec des reflets bleus comme les mamies au goûter des anciens. Souvenez-vous, il me disait toujours : “Monsieur le Président, cette déclaration me paraît inopportune, il faudrait peut-être en étudier au préalable les conséquences éventuelles.”

« Eh bien, maintenant, c'est fini. Si je veux, je peux même emmerder Bush. Tiens, Schröder, viens voir, appelle Tony, venez, on va faire chier Bush, on va dire que, pour le Moyen-Orient, il ne faut pas basculer dans le délit d'ingérence, ça mange pas de pain. »

Hier, dans ce village canadien au nom rigolo qui ressemble à Banana split, il a décidé d'accorder une rallonge d'un milliard de dollars aux pays africains touchés par l'effondrement des cours des matières premières, rien que pour savourer le plaisir de ne pas entendre l'autre lui dire à l'oreille : « Oh la la, il faut réfléchir aux répercussions de cette décision sur nos finances nationales... »

Regardez bien cette photo, inexplicablement, elle a quelque chose de rassurant.

Peut-être parce qu'un chef d'État qui te descend une Corona comme ça ne peut pas être totalement mauvais.

© Fred Chartrand/AP Sipa Press

I

Chroniques musicales

II

Lettres matinales

Impression réalisée sur Presse Offset par

BRODARD & TAUPIN

GROUPE CPI

20319 – La Flèche (Sarthe), le 17-09-2003
Dépôt légal : juillet 2003

POCKET – 12, avenue d'Italie - 75627 Paris cedex 13
Tél. : 01.44.16.05.00

Imprimé en France